T0194798

essentials

essentials liefern aktuelles Wissen in konzentrierter Form. Die Essenz dessen, worauf es als „State-of-the-Art" in der gegenwärtigen Fachdiskussion oder in der Praxis ankommt. *essentials* informieren schnell, unkompliziert und verständlich

- als Einführung in ein aktuelles Thema aus Ihrem Fachgebiet
- als Einstieg in ein für Sie noch unbekanntes Themenfeld
- als Einblick, um zum Thema mitreden zu können

Die Bücher in elektronischer und gedruckter Form bringen das Expertenwissen von Springer-Fachautoren kompakt zur Darstellung. Sie sind besonders für die Nutzung als eBook auf Tablet-PCs, eBook-Readern und Smartphones geeignet. *essentials:* Wissensbausteine aus den Wirtschafts-, Sozial- und Geisteswissenschaften, aus Technik und Naturwissenschaften sowie aus Medizin, Psychologie und Gesundheitsberufen. Von renommierten Autoren aller Springer-Verlagsmarken.

Weitere Bände in der Reihe http://www.springer.com/series/13088

Torsten Spandl

Direktmarketing mit digitalen Medien

Kompaktes Wissen für den digitalen Kundendialog

Torsten Spandl
Hamburg, Deutschland

ISSN 2197-6708 ISSN 2197-6716 (electronic)
essentials
ISBN 978-3-658-29543-1 ISBN 978-3-658-29544-8 (eBook)
https://doi.org/10.1007/978-3-658-29544-8

Die Deutsche Nationalbibliothek verzeichnet diese Publikation in der Deutschen Nationalbibliografie; detaillierte bibliografische Daten sind im Internet über http://dnb.d-nb.de abrufbar.

Planung/Lektorat: Angela Meffert
Springer Gabler ist ein Imprint der eingetragenen Gesellschaft Springer Fachmedien Wiesbaden GmbH und ist ein Teil von Springer Nature.
Die Anschrift der Gesellschaft ist: Abraham-Lincoln-Str. 46, 65189 Wiesbaden, Germany

Was Sie in diesem *essential* finden können

- Was macht digitales Direktmarketing so erfolgreich?
- Sie lernen die wichtigsten digitalen Instrumente kennen, vom E-Mailing bis zur Nutzung der sozialen Netzwerke.
- Was macht eine gelungene Landingpage aus? So wird die Kundenansprache auch in der Umsetzung erfolgreich!
- Mit den wichtigsten Erfolgsfaktoren ausgestattet können Sie sofort passende Nachrichten aufsetzen.
- Sie lernen alle Schritte zur Umsetzung kennen, vom Anlass bis zu den zu kommunizierenden Inhalten.
- Eine Einführung in die technischen Tools gibt Orientierung für den Aufbau Ihrer eigenen digitalen Direktmarketing-Organisation.

Vorwort

Direktmarketing, Dialogmarketing, Vertriebskommunikation – welchen Begriff man auch nimmt, die Wirtschaft lebt vom Gespräch zwischen Anbietern und Kunden. Ohne Gespräche keine Umsätze, keine Produktkenntnis und keine Vielfalt.

Ein Gespräch kann heute über eine Vielzahl an Kanälen stattfinden. Das Gespräch durch Direktmarketing hat in den letzten Jahren durch digitale Kommunikationskanäle eine deutliche Veränderung erfahren. Nach der Veröffentlichung eines *essentials* zum Direktmarketing klassischer Ausprägung zusammen mit meinem geschätzten Freund und Kollegen Walter Plötz („Direktmarketing mit Printmedien – Kompaktes Wissen für den erfolgreichen Kundendialog", erschienen bei Springer Gabler 2018) liegt jetzt das *essential* für digitale Kommunikation vor.

E-Mails und Social Media sind die beiden Hauptwege, die ihrerseits jeweils noch weitere Spezifizierungen erfahren, damit die ganze Bandbreite an Kommunikation diskutiert werden kann. Alle Aspekte und auch viele Best Practices finden Sie im vorliegenden *essential* in gewohnt praktischer und kompakter Form dargestellt und aufbereitet.

Wie auch beim ersten *essential* können Sie sofort mit Direktmarketing loslegen. Umfangreiche Übersichten und Gestaltungshilfen zeigen Ihnen alle Erfolgsfaktoren. Damit sind Sie ausgerüstet für das digitale Gespräch und Kundendialog.

Gutes Gelingen für Ihr digitales Direktmarketing.

Auch ich liebe den Dialog

Schreiben Sie mir Ihre Meinung zu diesem *essential*. Haben Sie eine digitale Direktmarketing-Aktion durchgeführt und sie war erfolgreich? Haben Sie Anmerkungen oder Verbesserungsvorschläge? Haben Sie kreative Ideen, wie digitales Direktmarketing besser und erfolgreicher werden kann?

Ich freue mich auf Ihr Feedback:
torsten.spandl@googlemail.com
www.torstenspandl.com
https://www.xing.com/profile/Torsten_Spandl/portfolio

Hamburg
im Frühjahr 2020

Torsten Spandl

Inhaltsverzeichnis

Über den Autor

Prof. Dr. Torsten Spandl Nach dem Studium der Betriebswirtschaftslehre an den Universitäten Regensburg, der Aston Business School in Birmingham und der Wirtschaftsuniversität Wien war Torsten Spandl anfangs in der Medizintechnik in Marketing und Vertrieb tätig. Er promovierte im Fachgebiet Handel und Marketing und war anschließend viele Jahre in leitender Funktion in einer Tochterunternehmung der Otto Group Hamburg beschäftigt. Im Jahr 2012 erfolgte der Ruf auf eine Professur an der Fachhochschule für die Wirtschaft – FHDW in Hannover.

Seine beruflichen Schwerpunkte liegen überwiegend im Spannungsfeld von Marketing und Vertrieb. Von klassischen Markenkampagnen über Direktmarketing-Aktionen bis zu digitalen Absatzkonzeptionen konnte Torsten Spandl nahezu alle absatzrelevanten Instrumente operativ einsetzen. Diese Erfahrungen und eigene unternehmerische Aktivitäten bringt er als Studiengangsleiter für den Masterstudiengang „Marketing- und Vertriebsmanagement M.A." an seiner Hochschule ein. Seit 2018 ist Torsten Spandl Co-Gastgeber und Host des Podcasts „wirtschafthochzwei" an der Schnittstelle zwischen Wirtschaft und Wissenschaft, welcher auf allen gängigen Plattformen zu finden ist.

Einführung 1

> **Trailer** Direktmarketing ist seit Langem etabliert – und mit digitalen Medien eine innovative und erfolgreiche Art der Kundenansprache.

Direktmarketing liegt im Trend. Keine andere Marketing- und Kommunikationsart kann einen so unmittelbaren Kontakt herstellen. Dabei ist Direktmarketing eine der ältesten Werbeformen. Um die Siedler im Westen der USA bei ihrer Reise in die neue Welt mit Waren zu versorgen, haben US-amerikanische Versandhäuser bereits vor 150 Jahren mit Warenkatalogen gearbeitet. Und die Kommunikation mit den Kunden wurde über Briefe – wir würden heute sagen Direktmarketing – aufrechterhalten. Direktmarketing mit Briefen und anderen Printmedien ist auch heute noch eine gute Art und Weise, mit Kunden im Gespräch zu bleiben.

Die Digitalisierung seit Ende der 1990er-Jahre hat aber neue Direktmarketing-Instrumente in den Vordergrund gerückt: digitale Kommunikationsmedien. Dieser Medienform widmet sich das essential in ausführlicher Form.

Zunächst werden Besonderheiten des digitalen Direktmarketings aufgezeigt. Die wesentlichen Instrumente werden vorgestellt und zum Schluss können Sie mit Tipps, Tricks und Best-Practice-Beispielen Ihre eigenen Aktionen starten.

1.1 Status quo des digitalen Direktmarketings

Was macht Direktmarketing aus? Es ist ein Instrument, um mit Kunden in einen direkten Dialog zu kommen. Diese Unmittelbarkeit unterscheidet Direktmarketing von anderen Instrumenten. Die Nachricht geht nicht an eine große Zahl von Kunden, die vielleicht sogar dem Unternehmen unbekannt sind. Sondern

T. Spandl, *Direktmarketing mit digitalen Medien,* essentials,
https://doi.org/10.1007/978-3-658-29544-8_1

es baut den individuellen Kontakt zu einem namentlich bekannten Kunden auf. Diese Aspekte beleuchtet die nachfolgende Definition:

Direktmarketing „Direct Marketing umfasst sämtliche Kommunikationsmaßnahmen, die darauf ausgerichtet sind, durch eine gezielte Einzelansprache einen direkten Kontakt zum Adressaten herzustellen und einen unmittelbaren Dialog zu initiieren oder durch eine direkte Ansprache die Grundlage eines Dialoges in einer zweiten Stufe zu legen, um Kommunikations- und Vertriebsziele eines Unternehmens zu erreichen." (Bruhn 2015, S. 403).

In den zurückliegenden Jahren hat sich Direktmarketing in Richtung Dialogmarketing entwickelt. Dies ist Ausdruck veränderter Kommunikationszielsetzungen. Einseitig ausgerichtete Informationen mit einem Kanal vom Unternehmen zum Kunden sind durch Social Media mit einem weiteren Kanal vom Kunden zum Unternehmen ausgestattet worden.

Kommunikation ist daher heute im Unternehmensumfeld zweiseitig ausgerichtet. Unternehmen versuchen, einen zweiseitigen Dialog mit Kunden zu führen. Dialogmarketing beschreibt damit eine neue Ausrichtung, die Austausch und Gespräche in den Vordergrund rückt.

Dialogmarketing Dialogmarketing verfolgt „das Ziel, zweiseitige Kommunikationsprozesse im Sinne von Dialogen zu initiieren und langfristige Beziehungen zu den Kunden aufzubauen". (Bruhn 2015, S. 27).

Die Begriffe Direktmarketing und Dialogmarketing werden heute vielfach synonym verwendet. Sie lassen sich nicht immer trennscharf abgrenzen. Für das vorliegende essential steht Dialogmarketing für zweiseitige Kommunikation. Direktmarketing ist die konkrete Ausprägung der verschiedenen Instrumente, wobei die digitalen Instrumente Schwerpunkt des essentials sind.

Digitales Direktmarketing wird für unterschiedliche Zielsetzungen und in unterschiedlichen Phasen von Verkauf und Vertrieb eingesetzt:

Customer Acquisition/Neukundengewinnung

Jedes Unternehmen benötigt Neukunden. Digitales Direktmarketing ist eine der wichtigsten Strategien für dieses Ziel. Durch die vergleichsweise kostengünstige Nutzung digitaler Kanäle ist Neukundengewinnung durch digitales Direktmarketing eine der dominantesten Ausprägungen.

Sales/Verkauf

Digitales Direktmarketing eignet sich durch unmittelbare Reaktionsmöglichkeiten der Kunden ideal zum aktiven Verkauf. Ein Kunde kann bspw. direkt durch Klick auf einen Link im Newsletter einen Kauf tätigen.

Repurchase & Cross-/Up-Selling/Wiederkauf, Zusatzverkäufe

Digitales Direktmarketing stützt sich auf eine Kundenhistorie. Nachrichten und Angebote können zielgerichtet auf einzelne Kunden abgestimmt werden. So werden Zusatzverkäufe ermöglicht.

Nurturing & Social Selling/Pflege der Kundenbeziehung

Das Hegen und Pflegen von bestehenden Kundenbeziehungen, um Interessenten, Neu- und Altkunden an einen Kauf heranzuführen, wird durch Direktmarketing erleichtert. Der relative neue Fachbegriff Nurturing beschreibt eine zielgerichtete Weiterentwicklung von Kundenbeziehungen.

Die Beziehung zwischen Anbietern und (potenziellen) Kunden wird dafür strukturiert geplant. Der Prozess einer regelmäßigen Kontaktaufnahme und des Bereitstellens von zielgerichteten Informationen wird unter dem Begriff des Social Sellings zusammengefasst.

Customer Loyalty/Kundenbindung

Vergleichbar mit Nurturing und Social Selling nutzt die Zielsetzung der Kundenbindung die Möglichkeiten des digitalen Direktmarketings. Digitales Halten eines bestehenden Kontakts ist schnell und kostengünstig umsetzbar. Ein regelmäßiges Kontaktieren gelingt einfach und kann sogar automatisiert werden.

Retention/Kundenrückgewinnung

Die Kundenrückgewinnung (= Retention) bedient sich auch digitaler Instrumente und greift alle Aspekte des individuellen Kontakts auf. Durch die Kundenhistorie können die richtigen Inhalte zielgenau mit den passenden Instrumenten kostengünstig versendet werden.

Alle besprochenen Zielsetzungen entsprechen verschiedenen Phasen, die ein Kunde aus Unternehmenssicht durchläuft, wenn er ein Produkt oder eine Dienstleistung kauft. Im Online-Marketing hat sich für diese Phasen der Fachbegriff Marketing-Funnel (deutsch: Marketing-Trichter) etabliert. Die Darstellung ist gut zu verallgemeinern und auf Marketing- und Vertriebsaktivitäten on- und offline zu übertragen. Abb. 1.1 zeigt die drei Phasen des Marketing-Trichters auf, die Kundenbeziehungen aus Marketingsicht durchlaufen.

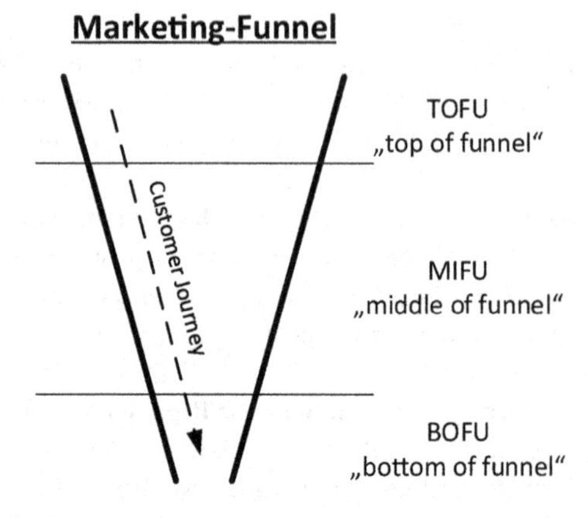

Abb. 1.1 Idealtypischer Marketing-Funnel

Die Begriffe TOFU, MIFU und BOFU sind Ausdrücke für Phasen des (Kauf-) Prozesses, in denen Unternehmen unterschiedlich kommunizieren.

In der Top-of-Funnel(TOFU)-Phase sind Inhalte und (Kommunikations-) Angebote relevant, die Kunden zum Unternehmen hinführen, die also aus einem unbekannten oder nicht identifizierten Kunden einen bekannten Kontakt machen. Hier findet sich die Zielsetzung der Neukundengewinnung wieder, genauso sind Kundenbindung und Retention ausgewiesene Zielsetzungen.

Die Middle-of-Funnel(MIFU)-Phase ist die Weiterentwicklung der Kontakte. Identifizierte Interessenten werden vom Unternehmen zielgerichteter kontaktiert. Das Unternehmen stellt weitere Informationen und Anreize bereit, die Kaufentscheidungen des Kunden entwickeln sollen. Diese Phase wird auch Nurturing genannt. Gewonnene Kontakte werden gehegt und gepflegt.

Die letzte Phase bis hin zum Kauf wird als Bottom-of-Funnel(BOFU)-Phase bezeichnet. Hier ist die Zielsetzung der Verkauf, ggf. zusammen mit Up- und Cross Selling. In allen Phasen findet sich als Oberbegriff Social Selling wieder, sprich regelmäßiger Kontakt mit Kunden mit der Zielsetzung, einen Verkauf vorzubereiten.

Definition

Up-Selling

Nach einem ersten Kauf oder direkt beim Kontakt wird dem Kunden ein höherwertiges Angebot gemacht. Zielsetzung hier: höherwertige Produkte verkaufen.

Cross Selling
Neben dem eigentlich verkauften Produkt werden weitere Produkte angeboten und verkauft.

Im Marketing-Funnel wird i. d. R. mit Instrumenten des Direktmarketings gearbeitet. Klassisches Marketing ist an unbekannte nicht identifizierte Kunden gerichtet. Einer TV-Kampagne oder einer Anzeige liegt nur eine grobe Zielgruppenanalyse und -planung zugrunde. Ziel kann sein, aus unbekannten Kunden identifizierte Kontakte zu machen, die dann mit Direktmarketing-Aktivitäten in den Sales-Funnel überführt werden. Natürlich können Marketingaktionen auch ohne breit streuende Aktivitäten direkt mit Direktmarketing umgesetzt werden.

Unter den Instrumenten des Direktmarketings werden i. d. R. folgende Instrumente zusammengefasst (vgl. Hofbauer und Hellwig 2016, S. 186):

- Direktmarketing mit Print (siehe dazu Spandl und Plötz 2018)
- Direktmarketing mit digitalen Medien
- Direktmarketing über Telekommunikationsmedien
- Direktmarketing über Messen und Events

Allen Instrumenten ist gemein, dass sie den 1:1-Kontakt zwischen Anbieter und Kunde ermöglichen.

1.2 Besonderheiten digitaler Medien

Digitale Medien haben sich seit 1990 kommerziell entwickelt. Die Etablierung der E-Mail als Kommunikationsmittel ermöglicht neben Briefkommunikation eine digitale schriftliche Kommunikation. Die E-Mail wurde als Kommunikationsform für den Internetvorgänger Arpanet eingeführt. Zum Ende der 1980er-Jahre wurden erste kommerziell nutzbare E Mail-Systeme bereitgestellt.

Die folgenden Abschnitte diskutieren Merkmale und Besonderheiten einer digitalen Kommunikation:

Verschriftlichung der Kommunikation
Digitale Kommunikation beruht maßgeblich auf Schrift und Bild als Übermittlungsform. Die Zunahme an Kommunikationsmedien durch die Digitalisierung hat zu einer deutlich steigenden Mediennutzung geführt, wobei das Lesen einen Großteil der Mediennutzung ausmacht. Aus Marketingsicht heißt dies, dass die Anforderungen an schriftliche Ausdrucksfähigkeit steigen und Unternehmen mit aussagefähigen Texten Kunden über Distanz überzeugen müssen.

Fehlendes haptisches Erlebnis
Direktmarketing mit Printmedien kann durch aufmerksamkeitsstarke Gestaltung dem Empfänger ein haptisches Erlebnis bieten. Das besondere Papier, hochwertige Druckfarben oder auch beigelegte Elemente sprechen beim Empfänger mehrere Sinne an und haben die Chance, Kunden zu fesseln und Interesse hervorzurufen. Digitale Kommunikation hat diese Optionen nicht. Sie muss allein durch Schrift, Bilder und Videos überzeugen.

Unmittelbarkeit der Kommunikation und Reaktion
Ein zentraler Vorteil digitaler Medien ist deren Schnelligkeit. Innerhalb von Sekunden können Nachrichten weltweit versendet und empfangen werden. Empfänger können unmittelbar reagieren. Aus Marketingsicht ist ein digitaler Echtzeitkanal entstanden, was digitale Kommunikation für viele Themen und Zielsetzungen attraktiv macht.

Globale Reichweite
Digitale Kommunikation kann Nutzer weltweit erreichen. Kommunikation über soziale Netzwerke kann eine globale Followerschaft erreichen, E-Mails können direkt an alle relevanten Kontakte versendet werden, und zwar mit dem gleichen Aufwand, der auch für eine Versendung an einen Adressaten im nächsten Häuserblock notwendig gewesen wäre.

Digital bietet unterschiedliche Kanäle
Die Digitalisierung hat zu einer steigenden Kommunikationsmenge auf einer Vielzahl von Kanälen geführt. Dabei ist digitale Kommunikation nur ein Teil der Gesamtkommunikation, die heute von Unternehmen versendet wird. Die Fokussierung der Diskussion auf die neuen Kanäle führt zu einer gefühlten Dominanz digitaler Kommunikation. Dennoch besitzen auch klassische Medienformen weiterhin eine hohe Relevanz.

Vielfach wird bei digitaler Kommunikation nicht zwischen den einzelnen Kanälen unterschieden. Dabei sind es stark voneinander abzugrenzende Kommunikationskanäle. Eine 1:1-Kommunikation mittels E-Mail ist mit einem Posting über soziale Medien nicht zu vergleichen.

Technikabhängigkeit
Erstellung, Übertragung und Empfang von digitaler Kommunikation ist von Technik abhängig. Dies ist relevant, da die Technik auf beiden Seiten der Kommunikation – beim Absender und beim Empfänger – identisch vorhanden sein

muss. Für Versendung und Empfang von E-Mail müssen beide Seiten nach einem gleichen Technikprotokoll Daten und Nachrichten übertragen. Um über soziale Netzwerke kommunizieren zu können, müssen beide Seiten Nutzer der sozialen Netzwerke sein.

Relevanz des Einstiegs

Bei digitaler Kommunikation liegt der Fokus auf den ersten Wörtern und Zeilen einer Nachricht. Bei der E-Mail ist der Betreff relevant, bei einer Nachricht über soziale Netzwerke sind es die ersten Zeilen. Der Absender muss einen besonderen Fokus auf Wirkung und Inhalt dieser knappen Textinhalte (und Foto/Bild) legen, damit Kunden das Lesen der Nachrichten fortsetzen. In diesem essential wird dieser Aspekt später mit konkreten Hinweisen und Best Practices vertieft.

Günstige/kostenfreie Nutzung

Digitale Kommunikation kann in vielen Fällen sehr kostengünstig umgesetzt werden. Im Vergleich zu bspw. Direktmarketing mit Printmedien kann eine E-Mail oder eine Direktnachricht über eine soziale Plattform ohne direkt zurechenbare Kosten versendet werden. Bei professionell und größer aufgesetzter digitaler Kommunikation fallen dann jedoch Kosten an, da bspw. eine technische Unterstützung notwendig wird oder die Plattformbetreiber für die effektive Nutzung der sozialen Netzwerke Gebühren oder Mitgliedsbeiträge verlangen.

Flüchtiges Interesse und schnellere Löschbarkeit

Digitale Kommunikation wird von Nutzern schnell und z. T. oberflächlicher als andere Arten der Kommunikation verwendet. Deshalb hat der Absender die Aufgabe, das Interesse der Empfänger zu wecken und eine intensivere Beschäftigung mit den Kommunikationsangeboten zu forcieren.

Datenhoheit: Unterscheidung eigene Adressen versus Plattformadressen

Die digitalen Kommunikationskanäle unterscheiden sich hinsichtlich der Datenhoheit für Adressdaten. E-Mail-Marketing wird von Unternehmen vielfach an einem eigenen Datenstamm durchgeführt. Dabei fallen keine weiteren Kosten an. Es können auch E-Mail-Adresse gemietet oder gekauft werden. Bei Direktmarketing über soziale Netzwerke verbleibt die Datenhoheit beim Plattformbetreiber, sodass dieser den Zugang zu den Empfängern als Gatekeeper reguliert. Diese Rolle lassen sich die Plattformunternehmen bezahlen.

1.3 Digitale Kommunikation – besser als Print?

Direktmarketing war eine Domäne des Mediums Print. Werbebriefe und Kataloge waren die Werbemedien, um Kunden direkt im 1:1-Kontakt zu erreichen. Durch die Digitalisierung sind digitale Medien eine Alternative geworden, die naturgemäß Vor- und Nachteile besitzt.

Die beiden Tabellen (Tab. 1.1 und 1.2) beleuchten beide Gattungen mit Vor- und Nachteilen. Tab. 1.1 zeigt die Vorteile des digitalen Direktmarketings, zusätzlich sind zum Abgleich die Vorteile des Direktmarketings mit Printmedien aufgeführt (vgl. dazu u. a. Hofbauer und Hellwig 2016, S. 196; Spandl und Plötz 2018, S. 3 ff.).

Zentral sticht heraus, dass digitales Direktmarketing schnell und kostengünstig ist. Digitales Direktmarketing mittels E-Mail und Newsletter ist, sofern ein eigener Adressstamm genutzt wird, eine unmittelbar einsetzbare und wirkende Werbeform. Kunden lesen Werbebotschaften zu dem Zeitpunkt, zu dem der Absender die Mail versendet. Dies ist für den Absender auch weitestgehend kostenfrei, da als Infrastruktur das Internet genutzt wird.

Wird über soziale Netzwerke digitales Direktmarketing umgesetzt, können Nachrichten kostenlos oder günstig erstellt werden. Der Versendung der Nachrichten über die Netzwerke ist von den Netzwerkbetreibern geregelt und ggf. beschränkt oder nur gegen Zahlung von Werbekosten zu erreichen. Eine Übersicht der Nachteile der unterschiedlichen Direktmarketing-Medien zeigt Tab. 1.2.

Tab. 1.1 Übersicht der Vorteile von Direktmarketing digital und Print

Vorteile digitales Direktmarketing	Vorteile Direktmarketing mit Printmedien
Kostengünstige Gestaltung und Umsetzung	Umsetzung von einfach bis aufwendig
Kostengünstige Versendung	Haptisches Erlebnis
Multimediale Inhalte möglich	Zusätzliche, wertsteigernde Elemente integrierbar
Umfangreiche Personalisierung und Individualisierung	Datenhoheit mit hoher Qualität bei eigenem Datenbestand
Sehr schnelle Versendung	Besonderheit, da weniger Einsatz in den letzten Jahren
Ein-eindeutige[a] Erfolgsmessung	Keine Werbebeschränkungen
International einsetzbar	Gute Erfolgsmessung
…	…

[a]Ein-eindeutig: Eindeutig in beide Richtungen. Hier: Jeder User erhält eine eindeutige Kennzeichnung und jede Kennzeichnung ist einem eindeutigen User zuzuordnen

Tab. 1.2 Nachteile Direktmarketing digital und Print

Nachteile digitales Direktmarketing	Nachteile Direktmarketing mit Printmedien
Technikabhängigkeit	Hohe Kosten bei großen Versendungen
Soziale Medien: Datenhoheit beim Netzwerkbetreiber	Statische Gestaltung
E-Mail: Marketing erst nach Erlaubnis	Lange Vorbereitungszeiten
Soziale Medien: Erreichbarkeit durch Algorithmen eingeschränkt	Geringe Individualisierungsoptionen
Soziale Medien: i. d. R. mit Kosten verbunden, wenn alle Kontakte erreicht werden sollen	

Printmarketing besitzt den Vorteil, dass es nahezu keine Werbebeschränkungen für den 1:1-Kontakt gibt. Für digitale Kanäle ist dies eine zentrale Herausforderung. E-Mail-Marketing ist erst nach expliziter Genehmigung durch den Empfänger zulässig. Direktmarketing auf sozialen Netzwerken ist von den Governances der Plattform abhängig.

Allen digitalen Kanälen gemein ist die Abhängigkeit von Technik und damit auch ggf. Dienstleistern. Die Erstellung guter digitaler Aktionen, wie eines attraktiv gestalteten Newsletters oder der Aufbau der Social-Selling-Strategien, ist technisch aufwendig und in vielen Fällen erst durch Unterstützung spezialisierter Agenturen umsetzbar. Die Umsetzung über Mailservices und ein Tracking der Erfolge müssen ebenfalls technisch gestützt werden.

Die Übersicht der Vor- und Nachteile digitaler und klassischer Medienformen gibt einen Eindruck zu verschiedenen Einsatzmöglichkeiten. Digitales Direktmarketing kann durch vergleichsweise geringere Kosten gut für große Adressmengen eingesetzt werden. Klassisches Printmarketing ist durch das haptische Erlebnis prädestiniert für erklärungsbedürftige Produkte an kleinere Zielgruppen. Beide Instrumentenarten können isoliert betrachtet dabei gute Erfolge erzielen.

Digitale Medien im Direktmarketing

2

2.1 E-Mailing

▶ **E-Mailing** „Mailing-Versand (z. B. Messeeinladung) per E-Mail, bequem, schnell und kostensparend.“ (Holland 2014, S. 367)

Eigenschaften
Die E-Mail ist ein universell einsetzbares digitales Direktmarketing-Instrument. Sie hat sich zu einem Kommunikationsmedium mit hoher Relevanz entwickelt. Heute ist E-Mail das weltweit am intensivsten eingesetzte Kommunikationsmedium, jeden einzelnen Tag werden rund 200 Mrd. E-Mails versendet. In Deutschland nutzen über 81 % der Internetnutzer E-Mail täglich (vgl. Boniversum 2018).

Die E-Mail ist aus Marketinggesichtspunkten ein wesentliches Medium für Direktmarketing. Als sogenanntes E-Mailing kann eine werblich und verkäuferisch orientierte Mail mit individuellem Text an Kunden versendet werden. Die E-Mail ist kostengünstig und schnell. In den meisten Fällen ist neben einem E-Mail-Account keine weitere technische Ausstattung nötig.

Möglichkeiten, E-Mailings mit werblichen Inhalten zu versenden, wurden in den letzten Jahren eingeschränkt. Die Versendung an Privatkunden ist erst nach expliziter Zustimmung durch den Empfänger erlaubt. Die starke Zunahme der unaufgeforderten Versendung von Werbe-Mails hat zu diesen Beschränkungen geführt. Die Gesetzgeber schützen mit diesen Regelungen Kunden vor Werbe-E-Mails.

Im Unternehmensumfeld können werbliche E-Mailings an Einzelempfänger versendet werden, wenn ein Interesse an den werblichen Inhalten unterstellt

T. Spandl, *Direktmarketing mit digitalen Medien,* essentials,
https://doi.org/10.1007/978-3-658-29544-8_2

werden kann. Dadurch ist die E-Mail auch heute noch ein wesentliches Direktmarketing-Instrumente im Geschäftsumfeld. Hier sind die rechtlichen Aspekte immer aktuell zu beachten, dieses essential kann keine Rechtsberatung leisten.

Umsetzung

E-Mails verfassen kann jeder, auf nahezu jedem digitalen Endgerät. Durch die Verschriftlichung der Kommunikation ist die E-Mail eine Kommunikationsform geworden, die aus dem Alltag nicht mehr wegzudenken ist.

Im Direktmarketing wird das Verfassen von werblichen E-Mails konkret geplant: Soll die E-Mail mit Bildern und Formatierungen aufgewertet oder als Text versendet werden? Werden Videos als multimedialer Inhalt ergänzt? Enthält das E-Mailing Links oder Anhänge? Soll der Text durch den gezielten Einsatz von Gifs und Smileys aufgelockert werden? Welche Reaktionsmöglichkeiten leiten zu welchen Kommunikationskanälen? Ist eine speziell gestaltete Landingpage notwendig (siehe dazu auch Abschn. 2.5)?

Festlegungen erfolgen aus inhaltlicher und technischer Sicht. Welche Art der Mail wird den Empfänger am besten ansprechen, auf welchem Endgerät wird die Mail gesehen? Welche interaktiven und dynamischen Elemente können angezeigt werden? Welche Bestandteile werden geblockt oder als Spam gekennzeichnet?

Grundregeln

- **Erreichbarkeit des Empfängers:** Aus technischer Sicht ist prinzipiell jeder E-Mail-Kontakt durch die Eingabe der korrekten E-Mail-Adresse unmittelbar erreichbar. Durch die Zunahme von werblichen E-Mails (aka Spam) haben E-Mail-Dienste die Erreichbarkeit ihrer Nutzer eingeschränkt. Spam- oder Junk-Mail-Filter durchsuchen E-Mails nach Kennzeichen für werblichen Inhalt und markieren oder sortieren diese Mail automatisch aus.
- **Öffnungsimpuls:** Privat und beruflich erhalten die Menschen täglich unzählige E-Mails. Der Posteingang ist gefüllt und die verfügbare Zeit reicht nicht, sich allen Nachrichten zu widmen. Wie schafft es eine werbliche E-Mail, den Empfänger zum Öffnen zu animieren? Welcher Absender, welche Betreffzeile und welche einleitenden Worte sind passend, damit die Mail geöffnet wird? Und auch hoffentlich gelesen. Gerade dem Betreff kommt dabei eine besondere Bedeutung zu. Auf Smartphones gelesene E-Mails zeigen nur die ersten sechs bis acht Wörter der Betreffzeile an, in vielen Fällen wird keine Vorschau aus dem Inhalt gezeigt. Mails müssen so gestaltet und vor allem getextet werden, dass durch die passende Ankündigung spannender Inhalte, eine klare Beschreibung der Bedeutung der jeweiligen Mail ein Öffnungsimpuls entsteht. Ohne diesen Impuls wird

die werbliche Mail gelöscht und hat keine Chance, den Kunden von neuen Themen und Angeboten zu überzeugen. Besonderheiten digitaler Texte sind in Abschn. 1.3 beschrieben.

- **Individualisierung:** Mails bieten die Möglichkeit, Text für jeden einzelnen Empfänger zu ändern. So erfolgt eine individuelle Adressierung und 1:1-Direktmarketing lässt sich ohne großen Aufwand optimal realisieren. Durch die Individualisierung kann jede Kundensituation exakt erfasst und widergespiegelt werden. Die Inhalte der Mail kommen optimal beim Empfänger an, er kann sofort erkennen, warum er angeschrieben wurde und welchen Wert die Mail hat.
- **Wertigkeit:** Eine E-Mail besitzt keine Haptik wie ein Werbebrief. Kein hochwertiges Papier, keine Beileger mit ergänzenden Informationen. Wie kann die Gestaltung diesen Nachteil ausgleichen? Sie muss Wertigkeit entwickeln, die den Empfänger erreicht und die Mail aus der Vielzahl anderer Mails hervorhebt Die schon angesprochene Betreffzeile ist ein erster Ansatz, eine passende Formulierung wirkt hochwertig und seriös. Auch der Inhalt muss so wertig sein, dass der Empfänger einen wirklichen Mehrwert für sich sieht.
- **Reaktionsanreize:** Eine E-Mail ist der Anfang einer Kommunikation, sie muss zu einer Reaktion des Empfängers einladen. Die Fachsprache sagt dazu Reaktionsanreize oder Reaktionsfreude (vgl. Eberle 2014, S. 132). Was kann eine E-Mail enthalten, was eine Aktion des Lesers hervorruft? Offensichtlichstes Mittel sind Links, die zu weiteren Informationen, zu Formularen oder zu Downloads führen. Links müssen gut zu erkennen und klar formuliert sein („hier klicken“). Sie müssen interessant für die Zielgruppe sein. Gut gestaltete E-Mails sind daher individuell mit Klickanreizen und Reaktionsmöglichkeiten ausgestattet. Dabei gilt auch im digitalen Zeitalter eine Grundregel, die schon in der klassischen Kommunikation galt: lieber zu viele Anreize als zu wenige Anreize setzen. Viele Angebote, viele Reaktionsmöglichkeiten, denn nur so können Sie die flüchtige Aufmerksamkeit des Lesers erreichen.
- **Erinnerungswürdigkeit:** Die E-Mail ist ein kurzlebiges Medium. Sie kann schnell gelöscht werden oder sie rutscht im Posteingang nach hinten. Daher haben gute Mails einen passenden Inhalt, einen seriösen Absender oder auch eine Gestaltung, die auffällt. Der Leser muss den Impuls verspüren, sich die Inhalte noch einmal anzusehen, sie im besten Fall zu speichern. Hier spielt natürlich der Inhalt wieder die größte Rolle. Eine gelungene werbliche E-Mail hat einen Inhalt, der neu für den Empfänger ist. Und der so interessant ist, dass der Leser gern zur Mail zurückkehrt oder sich in der Mail befindende Angebote und zusätzliche Informationen sichert. Sich also an die Mail erinnert.

- **Archivierungsinteresse:** Die besten Mails schaffen es, aufgehoben und archiviert zu werden. Wertige Inhalte, die lange aktuell bleiben, können später als Referenz dienen. Der Leser kehrt zu den Inhalten zurück und baut damit eine positive Beziehung zum Absender auf. Durch inhaltlich wertvolle Mails verschwimmt der eigentlich werbliche Charakter von Direktmarketing mit E-Mailings. Die Mail wird zu einem geschätzten Informationsmedium. Empfänger freuen sich auf den nächsten Kontakt und lernen, den Absender wertzuschätzen.

▶ **Evergreen Content"** Fachausdruck für Content und Inhalte, die eine lange Aktualität besitzen. Sie sind im Content-Marketing beliebt, da sie einmal erstellt für eine lange Zeit eingesetzt werden können und Kunden und Interessenten gerne zu ihnen zurückkehren (vgl. Maione 2018).

- **Shareability:** Gute digitale Nachrichten sollen sich leicht in das Netzwerk des Empfängers verteilen lassen. Die sogenannte Shareablity (= leichte Teilbarkeit) ermöglicht, wertige oder lustige Inhalte ohne Aufwand an das eigene Netzwerk weiterzuleiten. Die Integration von Direktlinks zu den wichtigsten sozialen Netzwerken und Chat-Programmen erleichtern das Teilen der Inhalte.
- **Versendungszeitpunkt:** Technischer Natur sind Überlegungen zum optimalen Versendungszeitpunkt. Bei der individuellen Ansprache kann man sich am vermuteten Tagesablauf des Empfängers orientieren. Möchte man Personen tagsüber erreichen, damit sie direkt reagieren? Das kann beispielswiese für Geschäftskontakte ein guter Ansatz sein: Viel am Schreibtisch arbeitende Kunden können tagsüber sofort reagieren. Ein direkter Klick auf einen Informationslink geht am Schreibtisch sitzend einfacher als bei einer spät abends erhaltene E-Mail.
  An Privatkunden adressierte E-Mailings haben vielleicht am Wochenende eine größere Chance, beachtet zu werden. Die Kunden sind in entspannter Atmosphäre und lesen eingehende Mails mit mehr Ruhe.
  Jedes Unternehmen, das Direktmarketing nutzt, muss die Frage des Versandzeitpunktes klären. Testaussendungen an einen Teil der Adressen bestimmen den optimalen Versandzeitpunkt. Wann reagieren die meisten Kunden? Wann werden die größten Umsätze realisiert? Nach Analyse der Ergebnisse werden dann die weiteren Direktmarketing-Aussendungen terminiert und verschickt. Egal ob digital oder in Print.

Tab. 2.1 Vor- und Nachteile des E-Mailings in der Zusammenfassung

Vorteile	Nachteile
Weltweiter Standard	Zu viele E-Mails im Posteingang
Optimal zu individualisieren	Virus- und Spam-Flagging
Individuelle Reaktionsmöglichkeiten integrierbar	Geringe Reaktionsquoten
Multimedial auszugestalten	Fehlende Haptik
Leicht umsetzbar	Einzelner Aufwand je E-Mailing

▶ Ein optimales E-Mailing kann folgendermaßen beschrieben werden: Ein Direktmarketing-E-Mailing ist dann erfolgreich, wenn es sicher den individuell angesprochenen Empfänger im Posteingang erreicht, einen guten Aufmacher und Inhalt hat, der Öffnen und Reagieren forciert.

Tab. 2.1 präsentiert wesentliche Aspekte zum E-Mailing noch einmal im Überblick.

2.2 Newsletter

▶ **Newsletter** „Newsletter erscheinen regelmäßig und dienen meist der Bindung von Kunden und Interessenten über die Bereitstellung von für sie nützlichen Inhalten. Häufig werden Newsletter auch genutzt, um immer wieder Kommunikationsanlässe zu schaffen und der Zielgruppe neue Angebote zu unterbreiten." (Lammenett 2017, S. 96).

Viele für das E-Mailing diskutierte Aspekte gelten analog für Newsletter. Zentraler Unterschied ist die Anzahl der Empfänger. Das E-Mailing geht an einen Empfänger, der Newsletter geht an eine Vielzahl von Empfängern. Das E-Mailing ist als einzelne Aktion geplant, der Newsletter ist ein periodisch eingesetztes Direktmarketing-Instrument.

Der Newsletter informiert die Empfänger (Abonnenten) in regelmäßiger Folge über Neuheiten und aktuelle Themen. Ziel ist, Kunden durch den regelmäßigen Erhalt des Newsletters an das Unternehmen zu binden und die Markenbekanntheit zu steigern. Zudem werden Newsletter mit klaren Abverkaufszielen

Tab. 2.2 Vor- und Nachteile des Newsletters in der Zusammenfassung

Vorteile	Nachteile
Hohe Adressanzahl zu bearbeiten	Vielzahl an Newslettern im Umlauf
Wiederkehrender Kontakt durch Regelmäßigkeit	Eingeschränkte Erreichbarkeit durch Spam- und Virus Flagging
Gute technische Unterstützung verfügbar	In der Wirkung weniger individuell
1:1-Kontakt optimal zu gestalten	Ermüdung der Empfänger

eingesetzt. So ist der Newsletter für Onlineshops eines der wichtigsten Direktmarketing-Instrumente. Ein gut geplanter und mit aktuellen Kundendaten umgesetzter Newsletter kann den Verkauf der Produkte maßgeblich fördern.

Die Frequenz der Versendung hängt von Themenvielfalt, Empfängerstruktur und Ressourcen im versendenden Unternehmen ab. Manche Newsletter erscheinen täglich (bspw. Nachrichten-Updates oder Newsletter mit aktuellen Sonderangeboten), wöchentlich (bspw. Shopping-Tipps von Anbietern mit wöchentlich wechselnden Sortimenten), andere monatlich oder quartalsweise (bspw. Unternehmen mit deutlich weniger aktuellen Inhalten).

Der Adressenbestand kann aus eigenen Adressen bestehen. Es gibt auch Kooperationsmöglichkeiten mit Unternehmen, die an gleiche Zielgruppen verkaufen. Eigene Adressen sind eine im Prinzip kostenfreie Werbeoption. Bei Kooperationen oder Adressenanmietungen ist Newsletter-Marketing eine kostenpflichtige Direktmarketingaktion.

Die Regeln für gute E-Mails lassen sich auf Newsletter übertragen. Ein guter Aufmacher, Reaktionsmöglichkeiten und eine wertige Gestaltung im Allgemeinen sind wesentliche Merkmale eines erfolgreichen Newsletters. Für die Versendung guter Newsletter benötigt man jedoch in vielen Fällen ein technisches System, welches die Administration der E-Mail-Adressen und eine Gestaltungshilfe für die Aussendungen bietet. Technische Aspekte werden in Abschn. 4.7 behandelt. Tab. 2.2 fasst die wesentlichen Aspekte zusammen.

2.3 Direktnachricht

Die Nutzung von sozialen Medien für Kommunikation hat die verstärkte Nutzung der Netzwerke für das Direktmarketing gefördert. Zugangsvoraussetzung ist dabei die eigene Nutzung des sozialen Netzwerks. Ein eigenes Profil ist die digitale Heimatadresse. Die Ausgestaltung des Profils ist dabei je Netzwerk unterschiedlich.

Je nach Zielgruppe des Direktmarketings kommen unterschiedliche soziale Netzwerke infrage. Sollen Privatkunden erreicht werden, sind die wichtigsten Netzwerke Facebook, Instagram, Pinterest und Twitter. Ist die Kampagne auf Geschäftskunden ausgerichtet, sind die Netzwerke Xing und LinkedIn relevant.

Auch hier gelten die im Folgenden beschriebenen allgemeinen Tipps und Tricks für das Verfassen und Versenden guter digitaler Nachrichten (siehe dazu Abschn. 3.2). Jedoch sind bei den verschiedenen Arten der Direktnachricht Vorgaben und Regeln der Plattformen und Netzwerke zu beachten.

Direktnachricht „Eine Direktnachricht ist die unmittelbare private Nachricht zwischen einem Sender und einem Empfänger. Direkte Nachrichten sind dementsprechend umgangssprachlich private Nachrichten. Nachrichten, die nicht für die Öffentlichkeit bestimmt sind. Direct messages gibt es auf allen verschiedenen Plattformen, Facebook, YouTube, Instagram, Snapchat und viele andere." (socialmediaone o. J.)

Im Grundsatz sind vier Arten der Direktnachricht zu unterscheiden: die Kontaktanfrage, die einfache Direktnachricht (Private Message/PM) an einen Kontakt, die gesponsorte Direktnachricht sowie die Werbeanzeige. Diese Nachrichten unterscheiden sich hinsichtlich des Zeitpunkts der Versendung und in der inhaltlichen Ausgestaltung.

Kontaktanfrage

Die Kontaktanfrage ist der Wunsch, eine direkte Verbindung zu einem anderen Nutzer eines sozialen Netzwerks aufzubauen. Der angefragte Nutzer entscheidet, ob er die vom Absender initiierte Kontaktanfrage annimmt. Die Gestaltung der Kontaktanfrage besitzt eine große Bedeutung. Es ist ein einmaliger Kontaktaufbau, bei dem ein einzelner Text entscheidend ist.

In den Netzwerken bestehen unterschiedliche Vorgaben, wie umfangreich Kontaktanfragen ausformuliert werden können. In vielen Fällen werden vorformulierte Kontaktanfragen angeboten („Bitte treten Sie meinem Netzwerk bei!"), die aus Direktmarketing-Gesichtspunkten aber zu ungenau und unbestimmt sind.

Eine gute Kontaktanfrage bringt in wenigen Worten zum Ausdruck, warum sich eine Bestätigung lohnt. Soziale Netzwerke werden von Usern zum Kontakthalten und Kommunizieren genutzt. Je werblicher die Anfrage ausformuliert ist, desto eher wird die Anfrage abgelehnt. Schafft es die Anfrage, den Mehrwert des

Kontakts klar und prägnant in wenigen Worten und Zeilen zu kommunizieren, ist der Kontakt hergestellt.

> Eine persönliche Ansprache zeigt, dass Sie sich für das Gegenüber interessieren. Bieten Sie einen Nutzen an, warum man mit Ihnen den Kontakt aufbauen sollte. Werden Sie konkret und formulieren Sie gut nachvollziehbar.

Direktnachricht an Kontakte

Erst nach erfolgreich bestätigter Kontaktanfrage sind in vielen Fällen direkte Nachrichten möglich. Netzwerkbetreiber schützen die Privatsphäre der Nutzer und wollen sicherstellen, dass ein intensiverer Kontakt zwischen Nutzern erst möglich ist, wenn beide Seiten initial zugestimmt haben. Ausgewählte Netzwerke (bspw. LinkedIn) ermöglichen Direktnachrichten gegen die Zahlung einer Gebühr oder den Abschluss einer kostenpflichtigen höherwertigen Mitgliedschaft (siehe dazu auch den nächsten Abschnitt zu gesponserten Direktnachrichten).

Nachrichten auf sozialen Netzwerken funktionieren ähnlich wie normale E.Mails oder digitale Chats. Wenn die Nachricht einen Betreff hat, muss dieser Interesse für die Nachricht auslösen. Hat die Nachricht weder Aufmacher noch Betreff, müssen die ersten Wörter den Mehrwert der Nachricht zeigen.

Direktnachrichten werden innerhalb sozialer Netzwerke in einem Posteingang oder Chatfenster angezeigt, sie verbleiben i. d. R. im Netzwerk. Die Reaktion auf die Nachricht, bspw. eine direkte Antwort, wird wieder über das soziale Netzwerk verfasst, sodass hier eine eigene Nachrichtenstruktur entsteht.

Als Direktmarketing-Instrument ist die Direktnachricht sehr interessant. Die Anzahl der Nachrichten, die User innerhalb sozialer Netzwerke empfangen, ist deutlich geringer als die Anzahl täglicher E-Mails und Newsletter. Dadurch wird die Nachricht eher wahrgenommen. Durch die geringere Anzahl an Nachrichten in dem dezidierten Postfach verbleibt die Nachricht auch länger im Blickfeld des Angeschriebenen.

Gegen die Direktnachricht als Direktmarketing-Instrument spricht, dass die Nachrichtenfunktion der sozialen Netzwerke i. d. R. nicht die zentrale Kommunikationsplattform für den Empfänger darstellt. Die Nachrichten in sozialen Netzwerken werden unregelmäßiger gelesen E-Mails. Dort eingehende Nachrichten besitzen i. d. R. keine so große Dringlichkeit wie direkt an den Empfänger adressierte E-Mails.

In Tab. 2.3 sind noch einmal alle Aspekte übersichtlich aufgelistet.

Tab. 2.3 Vor- und Nachteile von Direktnachrichten

Vorteile	Nachteile
Das eigene Profil positioniert den Absender	Weniger relevanter Posteingang für Empfänger
Weniger Nachrichten im Umlauf	Einschränkungen der Netzwerkbetreiber
Hochwertige Netzwerkumgebung	Zu werblicher Content nur bei bezahlten Nachrichtenformaten möglich
1:1-Kontakt optimal zu gestalten	

Gesponsorte Direktnachricht

Ausgewählte soziale Netzwerke bieten die Versendung von Direktnachrichten an User, die kein direkter Kontakt sind, als Werbeoption an. Diese Nachrichten erscheinen im Posteingang des Users. Sie wirken wie eine Direktnachricht, haben aber einen Hinweis auf die Werbung, zum Beispiel „gesponsort", „Career Advice" o. Ä.

Mit dieser Werbung besteht wie bei normalen Direktnachrichten eine gute Chance, die Aufmerksamkeit der Angeschrieben zu erlangen. Die Anzahl der Direktnachrichten auf sozialen Netzwerken – insbesondere bei beruflich genutzten Netzwerken – ist geringer als beim klassischen Mailverkehr. So fällt diese Nachricht besser auf.

Bei dem Netzwerk LinkedIn kann die gesponserte Direktnachricht mit einem Call-to-Action kombiniert werden. So kann direkt oberhalb des Nachrichtentextes ein Button mit einer gewünschten Reaktion eingeblendet werden (z. B. „jetzt Broschüre herunterladen").

Werbeanzeige im Nachrichtenumfeld

Die vierte Art der Nachricht über soziale Netzwerke ist die Werbeanzeige. Der Übergang zu einem klassischen Werbeinstrument ist fließend. Da jedoch auch eine 1:1-Ausspielung der Werbung über Targeting-Vorgaben erfolgt, fällt die Werbeanzeige hier unter die Direktmarketing-Instrumente.

Die Werbung sieht für den Empfänger wie ein normales Feed-Update aus, das er auch von seinen Kontakten erhält. Lediglich eine Kennzeichnung („Werbung", „Anzeige", „gesponsort" o. Ä.) weist auf den werblichen Charakter hin.

Die Werbeanzeigen werden an einen ausgewählten Empfängerkreis ausgespielt. Die Netzwerkuser können anhand ihrer Nutzerprofile, hinterlegten Informationen und Angaben und der echten Nutzung der Netzwerke selektiert werden. Dadurch kann der Werbetreibende Anzeigen zielgerichtet an die richtige

Zielgruppe schicken. Die Werbeanzeigen erscheinen im individuellen Feed der Zielpersonen und reihen sich in die Updates aus dem Freundes- und Bekanntenkreis ein.

Ein zentrales Ziel ist die Ansprache von neuen Kontakten. Ohne bestätigte Kontaktanfrage ist es – wie bereits beschrieben – nur eingeschränkt oder kostenpflichtig möglich, Direktnachrichten über die Netzwerke zu versenden. Und Ziel jeglicher digitaler Direktmarketing-Aktivitäten ist die 1:1-Kontakt zur Zielgruppe.

2.4 Social Selling und Social Authority

Social Selling und Social Authority gelten nicht als klassische Direktmarketing-Instrumente, ihre Wirksamkeit ist aber vergleichbar. Der Netzwerkaufbau und die gezielte Direktmarketingansprache über soziale Medien sind wichtige Direktmarketing-Instrumente, daher passt die Beschreibung in diesem Kontext.

▶ **Social Authority** Social Authority beschreibt den zielgerichteten Aufbau der Reputation in sozialen Netzwerken durch regelmäßige und werthaltige Postings und Interaktionen.

Social Authority begründet sich über verfasste und geteilte Inhalte. Je werthaltiger die Neuigkeiten und Informationen sind, die regelmäßig über Netzwerke an Kontakte gegeben werden, desto höher wird die Autorität des Absenders wertgeschätzt.

Durch das Weitergeben und Teilen von Inhalten auf sozialen Netzwerken entsteht potentiell ein 1:1-Kontakt, der in Folge intensiviert werden kann. Die Entwicklung einer Social-Selling-Strategie ist zu einem wichtigen Ansatz des digitalen Direktmarketings geworden. Das eigene Netzwerk wird gezielt informiert. Regelmäßige Updates zu ausgewählten (Fach-)Themen bringen den Followern passende Neuigkeiten zu den jeweiligen Interessensgebieten.

Eine Social Authority kann im Privat- und Geschäftskundenumfeld aufgebaut werden. Alle sozialen Netzwerke haben einen Neuigkeiten-Feed. Der Absender kommt durch gute Inhalte ins Sichtfeld der Follower und Kontakte und baut seine Reputation aus.

Die den Feed steuernden Algorithmen selektieren nach dem zu erkennenden Neuigkeitenwert der Postings für die Empfänger. Für Absender bedeutet dies, dass nur wertige Inhalte als Neuigkeit angezeigt werden. Ist im News-Stream ausschließlich Werbung platziert, strafen Plattformen die Reputation ab und die

Reichweite der Postings sinkt. Praktisch formuliert bedeutet dies, dass nur noch ein Bruchteil der eigenen Kontakte und Follower automatisch und kostenfrei durch neue Postings erreicht wird.

Je wertiger und reaktionsstärker die Inhalte sind, als desto besser werden die Postings von Algorithmen bewertet und ausgesteuert. Der bereits beim E-Mailing beschriebene Reaktionsanreiz besitzt auch beim Aufbau der Social Authority große Bedeutung. Reagieren die Follower auf ein Posting (Like, Kommentar oder Klick auf einen Link), wird das Posting als wertig identifiziert und tendenziell weiteren Followern und weiteren Nutzern, die noch nicht zu den Kontakten gehören, angeboten.

Zum Aufbau der Social Authority können verschiedene Posting-Formate verwendet werden. In den später folgenden Abschnitten (ab Abschn. 4.3) werden Posting-Arten vorgestellt. Mit einem ausgewogenen Mix an Posting-Arten und -Inhalten kann mittels Social Authority in einem 1:1-Kontakt schrittweise die Reputation erhöht werden. Kontakte und Follower lernen etwas über den Absender und schätzen ihn wert.

▶ **Social Selling** „Als Social Selling wird das Managen von sozialen Beziehungen verstanden mit der Zielsetzung, die Abverkäufe eines Produkts oder einer Dienstleistung zu erhöhen. Dies geschieht über soziale Netzwerke wie z. B. LinkedIn, Facebook, Twitter, Xing oder Pinterest. […] Typische Social Selling Techniken sind Content Sharing in Communities und direkte Kommunikation mit vorhandenen oder potentiellen Kontakten.“ (Onpulson o. J.).

Social Selling zielt deutlich konkreter auf den Verkauf. Der Aufbau der Social Authority ist eher allgemein gehalten, um die Reputation zu stärken. Social Selling versucht, den Verkauf über die Nutzung der sozialen Netzwerke zu realisieren.

Die Content-Arten werden beim Social Selling zielgerichtet eingesetzt. Ein Whitepaper bspw. wird auf Kunden und mögliche konkrete Bedürfnisse abgestimmt. Die Reaktionsmöglichkeiten sind spezifiziert, die reagierenden Kontakte werden als potenzielle Käufer identifiziert und in intensivere Vertriebsaktivität überführt.

Die Abgrenzung zwischen Social Authority und Social Selling ist nur schwer möglich. Bei der Nutzung der sozialen Netzwerke für Direktmarketing werden beide Aspekte benötigt. Der Aufbau des Profils erfolgt durch die Entwicklung der eigenen Social Authority. Die Nutzung der sozialen Netzwerke für Vertriebsaktivitäten erfolgt durch Social Selling.

In Abgrenzung zu den anderen digitalen Direktmarketing-Aktivitäten sind der Aufbau der eigenen Social Authority und die Nutzung des Social Sellings schwerer planbar. Verschiedene Faktoren spielen dabei eine Rolle, die folgenden vier Aspekte müssen berücksichtigt werden:

- **Nutzung der Netzwerke durch die User:** Die Netzwerke werden von den Usern mit unterschiedlicher Intensität genutzt. Privat orientierte Netzwerke (bspw. Facebook und Instagram) werden mehrmals täglich genutzt, beruflich orientierte Netzwerke (bspw. Xing und LinkedIn) werden nur unregelmäßig über die Woche genutzt. Bei der Planung der Direktmarketing-Strategie muss dies Berücksichtigung finden, da der zeitliche und quantitative Rücklauf davon anhängt.
- **Akzeptanz der Nutzer für Werbung:** Soziale Netzwerke dienen dem Aufbau eines Kontaktnetzwerkes und dem Teilen und Diskutieren von Inhalten. Dieses sozial orientierte Miteinander wird durch kommerziell agierende Unternehmen durchbrochen. Die Kommunikation mit Freunden und Arbeitskollegen wird durch Werbung gestört. Inwieweit die User Werbung in diesem Umfeld akzeptieren, hängt von Menge und Qualität der Werbung ab.
- **Regelungen der Netzwerke:** Die Netzwerke haben unterschiedliche Vorgaben für die vertriebliche Nutzung ihrer Strukturen. Weit verbreitete Netzwerke regulieren den professionellen Zugang zu ihren Usern. Gewerbliche Unternehmen müssen sich den Zugang in vielen Fällen erkaufen, bspw. durch Schaltung von Werbung oder den Abschluss von Abonnements.
- **Algorithmen der Netzwerke:** Neben Regelungen setzen die Netzwerkbetreiber auch Algorithmen ein, die den Neuigkeiten-Stream der Nutzer zusammenstellen. Konkret bedeutet dies, dass ein System auswählt, welche Beiträge dem User gezeigt werden. Algorithmen sind spezifische Geschäftsgeheimnisse der Netzwerkbetreiber und nicht öffentlich bekannt. Für direktmarketingorientierte Unternehmen bedeutet dies, dass die Empfängeranzahl der Social-Selling-Aktivitäten nicht exakt geplant werden kann.

Digitales Direktmarketing über Social Authority und Social Selling muss über den werblichen Aspekt hinaus einen Mehrwert bieten. Dieser kann sozialer (bspw. Spaß und Freude) wie auch professioneller Natur sein (bspw. die fünf wichtigsten Tipps für Personalführung). Wenn die Interaktionen gut geplant und nicht aufdringlich eingesetzt werden, sind User bereit, sich werbliche Inhalte anzusehen und auf diese zu reagieren.

2.5 Landingpage zur digitalen Reaktion

Digitales Direktmarketing hält für die Reaktionen der Kunden eine Landingpage bereit.

▶ **Landingpage** „Landing-Page – Bezeichnet die Seite, auf die ein Internetbenutzer unmittelbar nach dem Klick auf ein Werbemittel gelangt." (Lammenett 2017, S. 478).

Eine Landingpage ist also die digitale Verlängerung der Direktmarketing-Aktivität. Auf ihr landet der Empfänger der Direktmarketing-Aktion, um die Anschlusshandlung auszuführen. Das kann ein Kauf sein, der Erhalt eines Rabattcodes, Anforderung oder Download von weiterführenden Informationen oder eine Kontaktaufnahme. Die Landingpage hat die Aufgabe, die Direktmarketing-Aktion abzuschließen.

Die Landingpage besitzt zentrale Bedeutung. Durch die Reaktion des Kunden auf die Direktmarketing-Aktion war der erste Schritt erfolgreich. Jetzt muss im zweiten Schritt die Landingpage konkrete Ergebnisse erzielen. Kunden erwarten nach einer guten Direktmarketing-Ansprache eine gute Landingpage, um die Aktionen abzuschließen.

Landingpages leben von einer klaren Nutzerführung. Sie haben einzig die Aufgabe, eine bestimmte Reaktion des Nutzers zu erzielen. Sie lenken mit einer klaren Überschrift und ggf. einem stimmigen Bild oder einer Visualisierung die Besucher auf vorgegebene Reaktionsmöglichkeiten. Alle Elemente, die ablenken, müssen auf Landingpages vermieden werden. Zu viele Informationen und Angebote verwirren Nutzer und lenken von der intendierten Reaktion ab. In Sekundenbruchteilen muss die Landingpage inhaltlich erschließbar sein und die richtige Botschaft aussenden.

Wichtigstes Element auf der Landingpage ist der sogenannte „Call-to-Action". Damit ist die eindeutige Aufforderung gemeint, welche Aktion der User umsetzen soll. Der Call-to-Action kann dabei bspw. ein auffällig gestalteter Button mit dem Text „Jetzt direkt registrieren" sein. So wird eindeutig und unmissverständlich gezeigt, was die gewünschte Aktion des Users ist. Gute Landingpages platzieren den Call-to-Action so, dass er immer im Blickfeld des Users ist. Auf alle Fälle ist der erste Call-to Action (CTA) auf der ersten, nicht gescrollten Ansicht einer Landing Page notwendig.

Ergänzt wird der Call-to-Action durch relevante Inhalte wie bspw. Grafiken, Text oder Videos. Die Inhalte müssen für das Ziel der Reaktionserzielung der

User gestaltet sein. Sie dürfen nicht vom eigentlichen Ziel wegführen und den Kunden durch zu viele Informationen von der Reaktion ablenken.

Viele Landingpages haben das Ziel, Kontaktdaten der Reagierer zu erhalten. So ist neben den bereits beschriebenen transaktionsbezogenen Zielen auch die Anmeldung und Registrierung für einen Newsletter oder ähnliche Formate ein wichtiges Ziel. Auch diese Formulare können mit klaren Handlungsaufforderungen platziert werden. Dies kann sehr aktiv erfolgen, da die mehrfache Bewerbung von Newslettern etc. auch zu höheren Registrierungsraten führt.

Die bekanntesten Fehler von Landingpages listet Tab. 2.4 auf.

Tab. 2.4 Fehler bei der Gestaltung von Landingpages

Fehler	Beschreibung
Unübersichtliche Struktur	Der User muss auf den ersten Blick Ziel und Aufbau der Landingpage erkennen, nur dann wird er schnell reagieren
Überladen (mit Text, Bildern, Grafiken …)	Da die Landingpage einen dezidiertes Ziel besitzt, ist zielführender Inhalt notwendig, jeglicher weiterer Inhalt lenkt vom Ziel ab
Unklarer CTA	Der Call-to-Action hat einen klaren Aufforderungscharakter für den User. Er kann daher eindeutig formuliert sein und erzielt durch klare Nutzerführung eine höhere Response
Mehrere unterschiedliche CTAs	Landingpages werden für eine Direktmarketing-Aktion entwickelt, eine Landingpage wird für eine Reaktion gebaut, mehrere Responseoptionen verwirren und reduzieren Reaktionsraten
Weitergehende Verlinkungen	Ist der User auf der Landingpage angekommen, soll er diese nicht wieder verlassen. Daher ist jede Verlinkung ein potenzieller Ausgang, den man schließen muss
Nicht responsiv	Die Landingpage muss auf allen Endgeräten gut angezeigt werden, da wir nicht wissen, mit welchem Gerät ein User die Landingpage öffnet
Zu lange Ladezeiten	Eine Direktmarketing-Aktion setzt auf eine direkte Reaktion der User, daher muss die Landingpage schnell aufrufbar sein

Der Traffic auf Landingpages kommt über Direktmarketing-Aktionen zustande. Auch klassische und andere digitale Marketing-Instrumente verweisen auf Landingpages. Alle Kontaktwege des Unternehmens bieten sich an, um Verweise zur Landingpage zu präsentieren.

Erfolgsfaktoren für Direktmarketing mit digitalen Medien

3

3.1 Konzeptionelle Erfolgsfaktoren

Optimale Medienwahl

Erster Schritt ist die Auswahl des passenden Mediums. Die Auswahl wird von der bekannten oder vermuteten Mediennutzung der Zielkontakte beeinflusst. Die Verfügbarkeit von Kontaktdaten kann den Ausschlag für die Medienwahl geben, auch kann die rechtlich erlaubte Nutzbarkeit von Kontaktdaten die Wahl determinieren. Ein weiterer Faktor ist die Leistungsfähigkeit des Mediums, aber auch die technische Kompetenz des Direktmarketing-Betreibers kann die Medienwahl bestimmen.

Prinzipiell sollte die Wahl von den Kontaktgewohnheiten der Zielpersonen ausgehen, wobei der Absender die am meisten genutzte Medienform wählen kann (dies stellt bspw. den zeitnahen Empfang der Nachricht sicher), aber er kann sich auch bewusst für die Nutzung von etwas weniger intensiv genutzten Medien entscheiden (dadurch fällt die Direktmarketing-Nachricht stärker auf).

Individualisierung der Aktivitäten

Direktmarketing zeichnet sich durch den 1:1-Kontakt aus. Je exakter das Anschreiben an den Kontakt angepasst ist, desto erfolgreicher wird es. Eine optimale Anpassung ist dann erreicht, wenn jede Direktmarketing-Nachricht individualisiert ist. Bei einigen der digitalen Instrumente kann dies gut umgesetzt werden, solange der Adressstamm übersichtlich ist. Wenn aber die zu kontaktierenden Adressen mehr werden, müssen die Nachrichten bestmöglich an die Zielgruppen angepasst werden.

T. Spandl, *Direktmarketing mit digitalen Medien*, essentials,
https://doi.org/10.1007/978-3-658-29544-8_3

Regelmäßigkeit des Kontakts
Der aus der Psychologie bekannte Mere-Exposure-Effekte baut Vertrauen und Seriosität auf.

▶ **Mere-Exposure-Effekt** „Der Mere-Exposure-Effekt beschreibt die Auswirkungen der wiederholten Darbietung eines Reizes auf die affektive Bewertung des Reizes. Stimuli, die der Rezipient wiederholt wahrnimmt, erscheinen ihm positiver und sympathischer. Je häufiger Rezipienten folglich bestimmte Reize wahrnehmen, desto eher wird diesen gegenüber eine Vorliebe entwickelt.“ (Höpcke und Freyer 2013, S. 25).

Übertragen auf Direktmarketing bedeutet dies, dass sich Image und Bekanntheit des Absenders durch regemäßiges Kontaktieren des Zielkunden positiv entwickeln. Der Absender baut seine Reputation (siehe dazu auch Social Authority, vgl. Abschn. 2.4) durch regelmäßiges Ansprechen der Zielkunden auf. Wenn immer mal wieder werbliche Inhalte kommuniziert werden, werden diese positiver aufgenommen.

Kombination von relevantem Inhalt und Werbung
Digitales Direktmarketing ist durch den vergleichsweise kostengünstigen Einsatz eine Kommunikationsart, die oft von Unternehmen eingesetzt wird. Damit Kontakte die verschiedenen Kontaktaufnahmen positiv wahrnehmen, können und dürfen die einzelnen Kontakte und Nachrichten nicht immer rein verkäuferischer Natur sein. Content-Marketing zielt auf dieses Phänomen:

▶ **Content-Marketing** „[…] Content-Marketing [ist] eine Methode, welche die Zielgruppe ansprechen soll, um sie direkt oder indirekt vom eigenen Unternehmen und seinem Leistungsangebot oder einer eigenen Marke zu überzeugen. […] Keinesfalls ist Content-Marketing vordergründig werblich. Es kommt beim Content-Marketing im Grunde darauf an, einen Mehrwert zu liefern.“ (Lammenett 2017, S. 271).

Kommunikation muss werthaltige Inhalte besitzen, damit sich Empfänger immer wieder mir ihr beschäftigen. Wenn Empfänger Inhalten mit Wohlwollen begegnen, können regelmäßige Werbe- und Vertriebsimpulse gesetzt werden.

Performante Landingpages
Die Direktmarketing-Aktion ist im digitalen Umfeld nur der erste Schritt einer erfolgreichen Kampagne. Die Landingpage (Abschn. 2.5) muss den Reagierer

bspw. in einen Kunden konvertieren. Da der Übergang von der digitalen Direktmarketingaktion zur Landingpage ohne Medienbruch vonstattengeht, ist eine gute Landingpage direkt für Umsatz verantwortlich.

Optimaler Versandzeitpunkt
Digitales Direktmarketing besitzt bei E-Mailing und Newsletter den Vorteil, dass der Absender den Versandzeitpunkt bestimmt. Die E-Mail kann zu dem Zeitpunkt versendet werden, zu dem die größte Aufnahmebereitschaft bei den Zielkunden besteht. Unternehmen testen unterschiedliche Versandzeitpunkte. Jede Kundengruppe besitzt individuelle Tages- und Wochenabläufe, sodass sich der optimale Versandzeitpunkt bspw. durch Testversendungen ermitteln lässt.

Beim digitalen Direktmarketing über soziale Netzwerke bestimmt der Absender den Startzeitpunkt. Der Absender ist abhängig von der algorithmischen Aussteuerung seiner Nachricht und der Nutzung der Medien durch die Zielkunden. Somit kann der Zeitpunkt, wann Kunden die Nachricht erhalten und lesen, nicht exakt geplant werden.

Tests und Messung des Erfolgs
Direktmarketing zeichnet sich durch hohe Transparenz aus. Der individuelle Kundenkontakt und die Reaktionen lassen sich zu 100 % nachverfolgen. Dadurch steht dem Vermarkter ein großer Datenpool zur Optimierung der folgenden Aktionen zur Verfügung. Erfahrene Direktmarketing-Unternehmen mit großen Datenbeständen testen Direktmarketing-Aktivitäten an einem kleinen Teil ihrer Kunden. Durch die Ergebnisse des Tests (bspw. sogenannte A/B-Tests) wird die Versendung für den kompletten Adressenstamm optimiert.

Gepflegter Adressenstamm
Erfolgreiches Direktmarketing basiert immer auf einem guten Adressenstamm. Da der individuelle Kontakt gesucht wird, können die Erfolgsquoten durch einen gepflegten Adressenstamm deutlich erhöht werden. Aufbau und Pflege des Adressstamms sind ein wichtiges Kapital für erfolgreiches Direktmarketing.

Einbindung in CRM-Systeme
Da Direktmarketing i. d. R. als längerfristige Kundengewinnungs- und -aktivierungsstrategie geplant wird, ist die Datenhaltung wichtig. Die Anbindung an ein Datenbanksystem (CRM – Customer-Relationship-Management) registriert alle Aktivitäten, die mit Kunden umgesetzt wurden. Durch dieses Wissen können Aktivitäten besser und erfolgreicher umgesetzt werden.

Kompetente technische Umsetzung
Digitales Direktmarketing ist abhängig von technischer Unterstützung. Umfangreiche E Mailings oder Newsletter benötigen einen technischen Unterbau, der Adressen verwaltet, individuelle E-Mails generiert und die Reaktionen der Kunden nachverfolgt. Digitales Direktmarketing über soziale Plattformen benötigt ebenfalls technische Kompetenz. Die technische Kompetenz kann Inhouse oder durch Agenturen bereitgestellt werden. Ohne technische Expertise können insbesondere große Datenbestände und Kundenanzahlen nicht optimal kontaktiert und organisiert werden.

3.2 Erfolgsfaktor digitale Texte

Digitales Direktmarketing besitzt deutliche Unterschiede zum klassischen Print-Direktmarketing. Einer der wichtigsten Unterschiede ist das Schreiben für digitale Medien. Digitale Texte folgen eigenen Regeln. Wichtige Aspekte werden in den folgenden Kapiteln diskutiert.

3.2.1 Headline und Thema

Der Titel einer Nachricht zieht in den Text hinein – im digitalen Umfeld sogar noch stärker als bei gedruckten Medien. Das kann die Betreffzeile im E-Mailing oder der Aufhänger im Social Posting sein. Die Botschaft muss mit einem schnörkellosen Titel starten, der in kurzer Zeit zum Weiterlesen überzeugt. Digitale Texte haben wenige Möglichkeiten, Leser anzusprechen. Sie sprechen im Vergleich zu gedruckten Texten weniger Sinne an. Sie haben kein hochwertiges Papier, das mit Haptik überzeugen kann. Großformatige Grafiken und Abbildungen können nicht oder nur sehr eingeschränkt zum Einsatz kommen. Daher dreht sich alles um gute Hinführung zum Text über die bestmögliche Überschrift und den fesselnden Betreff.

Betreff oder Überschrift sind Einladungen zum Weiterlesen. Sie müssen auf den ersten Blick zu erfassen sein. Digital sind andere Inhalte immer nur einen Klick entfernt, der Titel ist der wichtigste Startpunkt, er muss fesseln. Die Länge des Titels oder des Betreffs muss zudem an die Lesegewohnheiten der Empfänger angepasst werden. Sollen E-Mailings erfolgreich eingesetzt werden, muss der Betreff in kurzen Worten und mit wenigen Zeichen beschrieben werden. E-Mails werden heute auf Mobilgeräten gelesen und Betreffzeilen werden in der Ansicht der Mailprogramme verkürzt. Ist es eine Social Message, muss ebenfalls überprüft werden, welche Teile des Titels im unmittelbaren Sichtbereich der Empfänger sind. Die sichtbaren Aussagen müssen dann so attraktiv formuliert werden, dass Empfänger auch den Rest der Nachricht lesen wollen.

Die Notwendigkeit der klaren Formulierung, die für den Titel gefordert ist, besteht auch für den Text. Die Texte werden auf Lesegeräten konsumiert, die meisten digitalen Texte werden dabei sogar nur auf kleinen Bildschirmen gelesen. Komplizierte Formulierungen, Schachtelsätze und Fremdwörter reduzieren die Lesbarkeit und schrecken ab. Digitale Texte müssen so einfach wie möglich, dabei aber trotzdem so komplex wie notwendig aufgebaut sein. Mehr zu guten Headlines findet sich in Abschn. 4.2.

3.2.2 Frontloading-Texte

Ein erfolgreicher digitaler Text beginnt unmittelbar und befasst sich sofort mit dem eigentlichen Thema. Der klassische dramaturgische Aufbau eines Textes, in dem ein Höhepunkt eher im hinteren Drittel des Textes verortet ist, dreht sich. Um Leser nach der Überschrift in den Text zu ziehen, müssen viele Kernelemente zu Beginn stattfinden. Dafür hat sich der Begriff Pole-Position-Wording etabliert. Die Überschrift hat den Leser zum Weiterlesen animiert. Dann überprüft und checkt der Leser, ob die Versprechen gehalten werden. Diese müssen im kompletten Verlauf des Textes schnell und klar ersichtlich sein.

Am Beginn des Textes gibt es eine weitere Besonderheit: Je nach digitalem Kanal kann der Leser unterschiedliche Anteile des Textes sofort sehen und lesen. Seien es die ersten zwei bis drei Zeilen eines E-Mailings oder die ersten Textschnipsel bei einem Social Posting. Der Text muss so verfasst werden, dass sichtbare Bereiche attraktiv sind. Dann scrollt oder klickt der Leser weiter.

▶ Verschiedenen Autorentools für digitale Texte (bspw. Hootsuite) bieten beim Schreiben Vorschauansichten an, um Ansichten und Wirkung auf verschiedenen Plattformen beim Schreiben der Texte erkennen zu können.

3.2.3 Digitaler Satzbau

Sätze werden im digitalen Umfeld kürzer. Die Lesbarkeit von Texten auf digitalen Geräten ist schlechter als auf gedruckten Medien. Daher müssen Inhalte leicht zu erfassen sein – kurze Sätze sollten bevorzugt werden. Zudem sollten Sätze nicht verschachtelt werden, denn jedes Komma reduziert die Lesbarkeit.

Der gesamte Text benötigt eine klare Struktur. Diese kann durch eine adäquate Formatierung sichergestellt werden. Tabellen, Listen, Bulletpoints, klare Absatztrennungen etc. sind Stilmittel, die Struktur geben und die Lesbarkeit verbessern.

Formatierungen dürfen nicht zu vielfältig verwendet werden. Beim Verfassen des Textes kann der Autor die Grundstruktur der Formatierung planen und diese im kompletten Text beibehalten. Dies kann bspw. erzielt werden, indem die einzelnen Gliederungspunkte des Textes durch Bulletpoints dargestellt, die jeweiligen Fachbegriffe in Fettschrift hervorgehoben und Zusatzinformationen in separat formatierten Boxen präsentiert werden.

Der einzelne Absatz sollte nur so lang sein, dass er auf den jeweiligen digitalen Lesegeräten eine gute Struktur darstellt. Zu lange Sätze mit vielen Nebensätzen führen zu längeren Absätzen. Und diese werden dann zu schwer erfassbaren Texten.

3.2.4 Visuelle Sprache

Gute Bilder und Grafiken unterstützen Lesbarkeit und Wirkung digitaler Texte. Die Kommunikation wird allgemein deutlich visueller. Wenn Bilder einen inhaltlich-informatorischen Wert haben, wird der Leser diese entsprechend wahrnehmen. Sind Grafiken passend integriert und erweitern den Informationsgehalt, sorgt auch dies für eine bessere Wirkung der Texte.

Bilder und Grafiken sollten so ausgewählt werden, dass Sie konkret zum Inhalt passen. Digital affine Kunden schätzen den Mehrwert. Sind Bilder allgemein und generisch, verlieren sie an Wirkung.

Für die Nutzung von Bildern und Grafiken sind verschiedene Aspekte zu berücksichtigen. Zentral: Die Bildrechte müssen geklärt sein. Die unrechtmäßige Verwendung von urheberrechtlich geschützten Bildern ist verboten und wird im digitalen Umfeld schnell geahndet.

▶ **Tipp** Es existieren viele Quellen im Internet, bei denen frei nutzbare Aufnahmen angeboten werden, bspw. pixabay und unsplash. Die jeweilige Rechtesituation ist für jedes genutzte Foto individuell vor der Verwendung zu klären.

Bei der Planung von Bildern muss berücksichtigt werden, welchen digitalen Kanal der Empfänger der Nachricht nutzt. Wird ein E-Mailing geplant, filtern viele E-Mail-Programme Bilder und Grafiken heraus, um Datenübertragungsvolumen zu sparen. Zudem können Bilder und Grafiken je nach Ausgestaltung Viren enthalten – auch deswegen werden nicht alle Bilder und Grafiken geladen und angezeigt.

Für den Einsatz von Bildern müssen folgende Fragen bei Planung und Auswahl beantwortet werden:

- Welche Bilder unterstützen die Wirksamkeit des Textes?
- Welche Art von Bildern steht zur Verfügung – eigene Aufnahmen, Aufnahmen, die exklusiv genutzt werden, oder nur Bilder, die in vielen digitalen Umfeldern schon zu sehen sind?
- Wie sind die Bilder in die Gestaltung integriert?
- Sind die Bilder im direkt sichtbaren Bereich eines E-Mailings? Wenn ja, muss das Mailing so gestaltet und ausformuliert sein, dass Empfänger das E-Mailing ggf. trotz ausgeblendeter Bilder lesen und verstehen.
- Funktionieren die Aussagen des E-Mailings auch ohne angezeigte Bilder?
- Können die Detailangaben der Bilder (bspw. die ALT-Texte) so formuliert werden, dass Leser die Bedeutung der Bilder anhand der Beschriftung erkennen?

Eine Zusatzoption ist, bei einem E-Mailing im sichtbaren Bereich der Mail das Anzeigen des Mailings im Browser anzubieten. Formulierungen sind bspw.: „Falls Sie die E-Mail nicht oder nur teilweise lesen können, klicken Sie bitte hier." Dies leitet dann auf eine Webseite, die alle Informationen des E-Mailings bereitstellt.

3.2.5 Call-to-Action

Digitale Texte fordern die Leser i. d. R. auf, eine Anschlusshandlung auszuführen. Der sogenannte Call-to-Action ist bereits bei der Beschreibung von Landingpages (siehe dazu Abschn. 2.5) diskutiert worden. Diese Aufforderung wird in digitalen Texten an mehreren Stellen eingesetzt. Das E-Mailing muss klar beschreiben, was Leser jetzt machen sollen. Bei Social Messages muss klar ersichtlich sein, was die nächste Aktion ist. Nur so hat digitales Direktmarketing Erfolg.

Umsetzung des digitalen Direktmarketings 4

4.1 Anlässe für digitales Direktmarketing

Digitales Direktmarketing lebt von Anlässen, an denen ein Kontakt aufgebaut und fortgesetzt wird. Einfach formuliert: Gibt es einen guten und passenden Anlass, einen Kontakt anzuschreiben, lassen sich gute Direktmarketing-Aktivitäten entwickeln. Direktmarketing lebt von der Regelmäßigkeit. Demnach ist die Schaffung von Kontaktanlässen ein wichtiger Baustein einer (digitalen und analogen) Direktmarketingstrategie.

Anlässe lassen sich in aktive und passive Anlässe unterscheiden. Aktive Anlässe gehen vom Unternehmen aus und werden gezielt geschaffen. Passiv bedeutet, dass das Direktmarketing betreibende Unternehmen auf Situationen, Zeitpunkte und Anlässe reagiert.

Die Übersicht von Kontaktanlässen lässt sich auf alle Kanäle übertragen (vgl. Spandl und Plötz 2018, S. 33 f.). Sie gibt Anhaltspunkte für die Schaffung von Situationen und Anlässen.

Aktive Anlässe

- **Produktbezogene Anlässe:** Jede relevante Veränderung an Produkt oder Dienstleistung kann als Kontaktanlass für Direktmarketing gelten. Ein Produkt kommt auf den Markt, das vorhandene Angebot wird erneuert, neue Features und Möglichkeiten werden angeboten. Alle Aspekte rund um Veränderungen bei Produkt und Dienstleistung sind ein Startpunkt von Direktmarketing-Aktionen. Zu viele produktzentrierte Nachrichten sind für Kunden eher irrelevant. Ein passender Mix an Anlässen ist der Schlüssel für den Erfolg.

T. Spandl, *Direktmarketing mit digitalen Medien,* essentials,
https://doi.org/10.1007/978-3-658-29544-8_4

- **Preisbezogene Anlässe:** Preissenkungen und Aktionen sind naheliegende Anlässe für Direktmarketing. Dabei muss es nicht in jedem Fall um eine Preissenkung gehen. Auch der aktive Hinweis auf anstehende Preiserhöhungen kann eine gute Direktmarketing-Nachricht darstellen.
- **Informationsbezogene Anlässe:** Direktmarketing ist auch so zu verstehen, dass eine einzelne Nachricht aus einem konkreten Anlass an die Kontakte und/oder Kunden geschickt wird. Ein interessanter Bericht in einer Zeitung, den man an die Kontakte weiterleitet. Ein Video, das dem Kunden in seinen Themen weiterhilft, dessen Link man verschickt. Und viele andere Medien, die für Kontakte wichtig sein könnten. Diese Art der aktiven Kontaktaufnahme besitzt einen echten Mehrwert und wird von kontaktierten Kunden und Interessenten positiv aufgenommen.

Passive Anlässe

- **Zeitbasierte Anlässe:** Jegliche Termine bieten sich an, um mit digitalem (oder klassischem) Direktmarketing zu arbeiten. Vom Kunden und der Geschäftsbeziehung ausgehend könnten das bspw. der Geburtstag des Kontakts, ein selbst zu definierender Jahrestag (Tag der ersten Bestellung o. Ä.) sein, die einen Anlass darstellen. Auch ein spezieller Tag im Jahr (Halloween, Black Friday etc.) und saisonale Orientierungen (Jahreszeiten etc.) bieten sich an. Zeitpunkte bieten dabei mehrere Anlässe, man kann Kunden auf Zeitpunkte vorab hinweisen („in 30 Tagen haben Sie xy seit einem Jahr im Einsatz"), zum Start eines Zeitraums („jetzt beginnt die Frühjahrs-Saison") oder kurz vor Ende eines Zeitraums („noch drei Tage, dann ist die Winter-Aktion beendet"). So entstehen durch einen Anlasse mehrere Möglichkeiten, mit inhaltlich relevanten Nachrichten auf die Kunden zuzugehen.
- **Aktionsbasierte Anlässe:** Prinzipiell sollten Kundenbeziehungen in einem vorgegebenen Rahmen immer weiter betreut werden. So kann nach einem Kauf automatisch die Zufriedenheit abgefragt werden, was ein klassischer aktionsbasierter Anlass ist. Die Automatisierung kann feste Regeln etablieren, bspw. wird × Tage nach einer vorherigen Aktion der nächste sinnvolle Kontakt umgesetzt. Verschiedene Anlässe bestehen: eine Anmeldung (bspw. für einen Newsletter), eine Conversion (bspw. eine Bestellung), eine Nicht-Reaktion (bspw. fehlende Einlösung eines Gutscheins), ein Abbruch (bspw. Nicht-Bestellung/Warenkorbabbruch), eine Antwort (bspw. Reaktion auf einen Aufruf zu Kommentaren), ein Klick auf bestimmte Elemente (bspw. Download eines Whitepapers) oder sogenannte Bounces/automatisierte Antworten

(bspw. Abwesenheitsnachricht). Jeder einzelne Anlass kann eine definierte Direktmarketing-Nachricht auslösen, die sogar automatisch von spezifischen E-Mail-Programmen versendet wird.

- **Aktiv vom User ausgelöste Anlässe:** Beispielsweise das Absenden eines Kontaktformulars oder die konkrete Angebots-/Preisanfrage an Unternehmen. Der vom User initiierte Kontakt wird für den Start von Direktmarketing-Aktivitäten genutzt. Somit ist auch bspw. die Kündigung eine Abos in vielen Fällen Auftakt einer Direktmarketing-Anstoßkette, um den Kunden zur Aufrechterhaltung der Kundenbeziehung zu motivieren.
- **Passiv vom User ausgelöste Anlässe:** Erhält man Kenntnis über Veränderungen bei Kunden, kann auch dies eine direkte Nachricht auslösen. Veränderungen im Kundenkonto, aktualisierte Profildaten oder neue Statusmeldungen können zum Anlass genommen werden, den User mittels Direktmarketing anzusprechen.

Sequencing

Jeder dieser Anlässe lädt ein, eine ganze Reihe an Kontakten umzusetzen. In der digitalen Betrachtung wird die entstehende Folge an Nachrichten Sequencing genannt. Ein Anlass stößt eine ganze Sequenz von Kontakten und Direktmarketing-Nachrichten an (vgl. Turner 2018).

Ein Beispiel: Halloween steht an, die Kunden erhalten zehn Tage vor Halloween die erste Nachricht mit einem Hinweis auf ein Halloween-Special. Auf dieses Special wird fünf und drei Tage vor Halloween noch einmal hingewiesen, an Halloween wird natürlich auch eine Nachricht an die Kunden verschickt. Und nach Halloween wird Nachzüglern noch einmalig exklusiv eine dreitägige Verlängerung der Aktion angeboten. Bei diesem beispielhaften Sequencing kann aus einem Anlass heraus eine logische Abfolge von bspw. fünf Nachrichten versendet werden.

Sequencing kann teil- und vollautomatisiert durch Softwarelösungen umgesetzt werden, sodass auf Basis des Anlasses eine festgelegte Sequenz an Nachrichten ausgelöst wird. Interessant wird Sequencing, wenn die Abfolge der Nachrichten für jeden Kontakt individuell gestartet und sogar individualisiert umgesetzt werden kann. Die fortschrittlichsten Systeme können die Abfolge der Nachrichten auf Basis von getrackten Reaktionen (bspw. Tracking der geklickten Links in einem E-Mailing) variieren und somit individuelle Sequenzen generieren.

4.2 Headlines und Betreff für digitales Direktmarketing

Der Zugang zu digitalen Direktmarketing-Nachrichten erfolgt über die passende und motivierende Betreffzeile (vgl. Lammenett 2017, S. 104 f.). Digitale Kommunikation beginnt i. d. R. nach Check des Absenders mit dem Lesen der Betreffzeile. Eine gute Betreffzeile kann einen Öffnungsimpuls auslösen, eine schlechte Betreffzeile einen „Lösch-Impuls". Verschiedene Elemente definieren gute Betreffzeilen.

Mit dem stärksten Argument beginnen
Die Aufmerksamkeitsspanne ist in den letzten Jahren deutlich gesunken. Übertragen auf digitales Direktmarketing heißt das, dass sich Kunden nicht wirklich mit Direktmarketing-Nachrichten beschäftigen. Das erste Argument, die erste Aussage, die ersten Worte müssen den Empfänger sofort faszinieren und interessieren, sonst klickt er unmittelbar weiter. Daher wird im digitalen Zeitalter der Spannungsaufbau direkt an den Anfang verschoben, das gilt auch für digitales Direktmarketing. Sowohl die Betreffzeile als auch der Haupttext beginnen mit dem stärksten Argument.

Interesse wecken
Die Nachricht und vor allem die Betreffzeile müssen für Empfänger relevant sein und Interesse wecken. Ohne einen Sog in die Nachricht wird keine Reaktion erzielt. Dafür ist eine zielgruppenspezifische Ausgestaltung der Nachricht notwendig. Optimalerweise ist Direktmarketing ein 1:1-Kontakt. Jede Nachricht kann auf das spezifische Interesse des einzelnen Empfängers hin optimiert werden. Und so kann ausreichend Interesse für das Weiterlesen generiert werden.

Wenige Wörter und Zeichen
Betreffzeilen müssen mit wenigen Zeichen und Wörtern auskommen. 35 bis 45 Zeichen werden bspw. beim Lesen von E-Mailings auf einem Smartphone angezeigt. Bei einigen Freemail-Adressen werden sogar nur 20 Zeichen im direkten Sichtfeld des Empfängers angezeigt.

Klar und verständlich
Die Betreffzeile muss klar und eindeutig formuliert sein. Wortspiele oder Betreffzeilen, die erst nach einigem Nachdenken ihre Stärke entfalten, sind im Direktmarketing ungeeignet. Der Empfänger fragt sich unmittelbar: „What's in it for me?" Das muss die Betreffzeile beantworten.

Aktive Wörter

Betreffzeilen müssen aktivieren. Dabei helfen sogenannte aktivierende Wörter: „jetzt", „sofort", „neu" zeigen auf den ersten Blick Aktivität. Sie können Wörter und Formulierungen verwenden, die eine möglichst genaue – fast bildliche – Beschreibung geben. Statt „neu" gibt „gerade eingetroffen" dem Leser das Bild, dass ein Produkt in genau diesem Moment eingetroffen ist. Statt „sofort" können Sie mit „Zögern Sie nicht" zum Ausdruck bringen, dass der Leser eine unmittelbare Reaktion wagen kann.

Satzzeichen gezielt einsetzen

Satzzeichen strukturieren Text und setzen Akzente. In Betreffzeilen können Sie mit Doppelpunkten, Ausrufe- und Fragezeichen gute Wirkung erzielen: Der Doppelpunkt startet eine relevante Aufzählung. Das Ausrufezeichen unterstreicht Aussagen und gibt Bedeutung. Fragezeichen am Ende fordern Leser zum Mitdenken auf. Der geplante Einsatz kann die Wirkung der Betreffzeile deutlich verstärken.

Werthaltig für Empfänger

Mit der Betreffzeile muss nicht nur das Interesse geweckt werden, sondern auch die Bedeutung der Mail für den Empfänger zu erkennen sein. Was kann die Nachricht enthalten, damit sie für den Empfänger einen spezifischen Wert besitzt. Können die Inhalte so anmoderiert werden, dass sich der Empfänger das Lesen für später aufheben will? So verhindern Sie das sofortige Löschen der Nachricht. Der Wert des Inhalts sichert den Öffnungsimpuls.

Handlungsdruck erzeugen

Wie die bereits beschriebenen Call-to-Actions (Abschn. 3.2.5) kann auch die Betreffzeile gleich Aspekte beinhalten, die beim Empfänger einen Handlungsdruck ausüben. Eine zeitliche Befristung kann klar im Betreff formuliert werden („nur bis Freitag"). Der Empfänger sieht die Befristung und weiß, dass eine Reaktion auf die Nachricht nur innerhalb eines bestimmten Zeitrahmens möglich ist. Das führt zu einer schnelleren Beschäftigung mit der Nachricht.

Überzeugen

Die Betreffzeile muss als erster Kontaktpunkt überzeugen, sich mit der Nachricht genauer zu befassen. Da die Betreffzeile quasi der einzige Anstoß ist, den ein Empfänger eines digitalen Direktmarketings bekommt (im Printmarketing können Materialien und verschiedene Bestandteile Kunden ansprechen), muss sie die wichtigste Aufgabe einer Direktmarketing-Aktion erfüllen: Überzeugung zum Weiterlesen.

Zusatzaspekt: Pre-Header
Die Ansichtseinstellung des eigenen Mailprogramms definiert, ob der Empfänger mehr als den Absender und die Betreffzeile sieht. Der sogenannte Pre-Header ist der unmittelbar lesbare Teil einer Nachricht. Das können die erste oder die ersten zwei Zeilen des Haupttextes sein. Vielfach haben Direktmarketing-Mails dort den Hinweis „Können Sie die Mail nicht lesen, klicken Sie hier". Der Platz ist aber zu wertvoll, als dass er nur mit technischen Informationen oder der Anrede verschwendet werden sollte. Beginnen Sie den Hauptteil der Nachricht sofort mit der Abarbeitung des stärksten Elements der Betreffzeile. Der Empfänger sieht auf einen Blick das Versprechen auf den Inhalt (= stärkstes Element der Betreffzeile) wie auch dessen Einlösung (= direkter Start in den ersten Zeilen).

4.3 Content für digitales Direktmarketing

Direktmarketing lebt von Regelmäßigkeit (Abschn. 3.1). Um regelmäßig Direktmarketing betreiben zu können, müssen ausreichend Inhalte existieren, die Kunden zugesendet oder im Social Feed geteilt werden. Da diese Inhalte nicht immer nur verkäuferischer Natur sein können, benötigt eine Direktmarketing-Planung sehr unterschiedliche Inhalte.

Im Zuge der (Direktmarketing-)Kampagnenplanung stellt ein ausgewogener Mix aus werblichem und informativem Content einen zentralen Erfolgsfaktor dar. Wie viele werbliche Inhalte im Vergleich zu informativen Inhalten eine Anstoßstrecke beinhalten sollte, lässt sich nicht verallgemeinern. Manche Zielgruppen sind interessiert an verkäuferischem Direktmarketing (bspw. Abonnenten von Newsletter, die sich bei Online Shops die neuesten Angebote zusenden lassen), andere Zielgruppen reagieren zurückhaltend oder abweisend auf Direktmarketing, was aggressiv verkäuferisch wirkt (bspw. Unternehmenskunden, die ausgewählte Käufe nur unregelmäßig tätigen und daher für Verkaufs- und Vertriebswerbung klassischer Art nicht empfänglich sind)

Die Inhalte können dabei als unterschiedliche Content-Arten gespielt werden, die relevantesten Content-Formate listet Tab. 4.1 auf.

Neben der Betrachtung der Content-Formate aus Mediensicht ist auch eine inhaltliche Differenzierung notwendig, um viele Inhalte zur Kommunikation zu haben. Folgende Liste zeigt inhaltliche Formate, die zur Kundenansprache aufbereitet werden können:

- (Einzel-)Artikel
- Listen, bspw. Best-of-Listen, Top-5-Listen

Tab. 4.1 Content-Formate digitales Direktmarketing

Content-Art	Beschreibung
Text	Klassisches Format, bspw. geschriebener Text in einem E Mailing, ist auch heute noch das vorherrschende Medienformat im digitalem Direktmarketing
Bild	Die zunehmend visuelle Kommunikation lässt den Einsatzbereich für Bilder und Grafiken deutlich größer werden, Daten-Visualisierungen und Infografiken sind Ausdruck dieser Entwicklungen
Audio	Die Popularität von Podcasts und die steigende Verbreitung von modernen Audio-Devices (Smart Speaker, kabellose Kopfhörer …) führt dazu, dass Audio-Inhalte besser im Direktmarketing-Umfeld eingesetzt werden können
Bewegtbild	Video-Formate bieten mehr Emotionen und Ausgestaltungsmöglichkeiten als Text und Bild, daher nimmt die Nutzung multidimensionaler Videoformate deutlich zu
Immersiv	Die Fortschritte in AR- und VR-Technologie lassen neue Formate für digitales Direktmarketing entstehen. Augmented und Virtual Reality bieten die Chance zu deutlich intensiveren Erlebnissen und Kontakten mit Kunden

- Serien-Content, bspw. zusammenhängende Artikel
- Artikel-Sammlungen, bspw. eigene oder kuratierte Artikel
- Round-ups von vorhandenem Content
- Meinungen, Kommentare und Rants
- Vortragsfolien
- Infografiken
- Marktforschungsergebnisse
- Erfahrungsberichte
- Anleitungen/How-to's
- Fallstudien
- Interviews
- Presse-Veröffentlichungen
- Podcasts (+ Transkripte)
- (Vorproduzierte) Videos
- Live-Videos, bspw. als Capture-the-Moment im Story-Format, zzgl. Pre- und Post
- Webinare, Ankündigungen, live und Nachberichte mit Aufzeichnungen
- (Geteilte und weitergeleitete) Drittartikel mit Relevanz für Kontakte/Branche
- (Zusammengestellter) Nachrichtenüberblick
- Events, eigene und Drittevents, Pre-, Live-, Post-Berichte

- Whitepaper und E-Books
- Executive Briefings
- Cheat-Sheets
- Buchempfehlungen
- Highlights mehrfach ausspielen, bspw. Best-of – last week/month etc.

Ausgewählte Formate eignen sich besser für B2B-Kommunikation, andere für B2C-Direktmarketing. Prinzipiell sind aber alle Beitragsformate Ansatzpunkte für eine vielfältige Direktmarketing-Strategie.

> **Weiterleitungsqualität**
> Die Königsklasse der Inhalte sind Beiträge und Nachrichten, die von den Empfängern gespeichert, erinnert oder weitergeleitet werden. Die Weiterleitung ist das Fundament der Viralität, die dazu führt, dass Beiträge in sozialen Netzwerken kostenfrei verbreitet werden.
>
> Im Direktmarketing werden sehr genau definierte Zielgruppen angesprochen. Dadurch kann sich auch die Beitragsgestaltung an sehr spitzen Zielsetzungen orientieren. Durch diese Fokussierung können Beiträge und Content so spezifisch gestaltet werden, dass sie einen echten Mehrwert für Empfänger besitzen. Und vielleicht sogar einen Mehrwert, der Speichern und Weiterleiten für die Inhalte sinnvoll erscheinen lässt. Die Aufgabe für Direktmarketer ist daher die Entwicklung von Inhalten, die so gut aus- und aufgearbeitet sind, dass diese im besten Fall sogar weitergeleitet werden.

4.4 Profilgestaltung

Direktmarketing mit digitalen Medien lebt auch von einer guten eigenen digitalen Präsenz. Empfänger von Nachrichten fragen sich: Wer hat mich dort angeschrieben, wer ist der Absender?

4.4.1 Profil für E-Mailing und Newsletter

E-Mailings benötigen eine aussagefähige Absenderadresse (siehe Abschn. 2.1). Der Empfänger liest als erstes Element den Absender, dieser muss für den Leser interessant und über die Zeit wiedererkennbar sein.

Neben dem Absender besitzt die E-Mail-Signatur große Bedeutung. Eine gute Signatur ermöglicht dem Absender, sich ins richtige Licht zu rücken. Gut gestaltete Signaturen können noch weitere Themen und aktuelle Neuigkeiten kommunizieren.

Wird eine E-Mail im geschäftlichen Zusammenhang versendet, müssen Pflichtangaben in der Signatur vorhanden sein, dies ist je Rechtsform des Unternehmens unterschiedlich ausgeprägt. Jeder Unternehmer muss sich über die aktuellen Vorgaben informieren und diese einhalten.

Neben rechtlichen Aspekten kann die Signatur auch gezielt zur Kommunikation eingesetzt werden. Folgende unausgesprochene Fragen kann eine Signatur dabei ungefragt beantworten: Wer ist der Absender? Warum ist der Absender relevant? Was sind die Dinge, die der Absender von mir erwartet.

Kontaktdaten signalisieren dem Empfänger wesentliche Informationen zum Absender. Eine aussagefähige Positionsbeschreibung stellt Augenhöhe zwischen den Kommunizierenden her. Ein fallweise eingesetztes Profilbild sorgt für Sympathie und Erinnerungswürdigkeit. Neben den relevanten direkten Kontaktwegen (Telefon und Postadresse) können auch die wichtigsten sozialen Profile aufgeführt werden. Der Kontakt zu und über Xing und LinkedIn oder die Kommunikationskanäle Facebook, Instagram oder YouTube können mit Link eingebunden werden. Der Empfänger hat alle Informationen auf einen Blick und wird zur E-Mail zurückkehren, wenn er Kontaktinformationen sucht.

Zusätzlich kann die Signatur inhaltliche Themen aufnehmen. Neu erschienene Veröffentlichungen, die Teilnahme an Branchenevents und Messen, Ankündigungen von Webinaren etc. – alle diese Informationen können tagesaktuell integriert und so dem Kontaktumfeld zugänglich gemacht werden. Auch ein Call-to-Action ist in der Signatur gut platziert, durch die aktuelle Steuerung der Signatur kann dieser sehr zielgenau geplant werden.

Die Signatur entwickelt sich dadurch von einem passiven Abbinder zu einem echten Kommunikationskanal. Wertvoll ist die Signatur, da sie an einen direkten Empfängerkreis geht. Das E-Mailing geht an ausgewählte Kontakte, zu denen ein 1:1-Kontakt aufgebaut ist oder werden soll. Die Signatur im Newsletter erreicht immer wieder einen bestehenden Empfängerkreis und deren Wirkung wird durch die Regelmäßigkeit intensiver.

4.4.2 Profil für Direktnachricht, Social Selling und Social Authority

Bei der Nutzung von sozialen Netzwerken ist das eigene Profil als Absenderadresse zu verstehen. Innerhalb des Netzwerkes gestaltet man das Erscheinungsbild, indem man das Profil entsprechend den eigenen Wünschen gestaltet. Und da man beim Versenden der Nachricht auch mit der Darstellung seines eigenen Profils dem Empfänger gezeigt wird, ist die aussagekräftige Gestaltung des Profils eine gute Möglichkeit, die Wirkung seiner Nachrichten zu unterstützen.

Im Geschäftsumfeld sind Xing und LinkedIn die relevanten Kommunikations- und damit auch für Direktmarketing relevanten Netzwerke. Aus dem eigenen Profil muss hervorgehen, warum sich der Empfänger der Nachricht mit Ihnen und der Nachricht befassen sollte. Das Profil muss vollständig und gepflegt sein, die Informationen müssen aktuell sein. Nutzen Sie alle Gestaltungsoptionen, die Ihnen das Netzwerk bietet. Können Sie eigene Hintergrundbilder verwenden, sollten Sie das nutzen. Können Sie Ihrem Profil ausgewählte Zusatzinformationen hinzufügen, sollten Sie auch das tun und Informationen kreieren, die Ihren Kontakten einen Mehrwert bieten.

Im Privatumfeld sind die Netzwerke bei der Gestaltung der Profile deutlich offener. Sehen Sie dazu Ihr Profil aus Sicht anderer Nutzer und Ihrer Zielgruppe. Wie sollte ein ideales Profil für einen Dritten erscheinen? Welche Aspekte interessieren Ihre angeschriebenen Kontakte, welche Informationen möchten Ihre Kontakte von Ihnen online finden?

Bei der Gestaltung der Profile sind unterschiedliche Sichtbarkeiten der Profilaktivitäten zu berücksichtigen. Das aktuelle Story-Format bei Facebook und Instagram bleibt 24 Stunden sichtbar, auf den Profilen getätigte klassische Postings oder allgemeine Profilangaben hingegen sind deutlich länger aufrufbar. Daher bietet es sich an, diese Informationen seriöser und langlebiger auszugestalten. Kurzlebige Postings können hingegen mutiger und innovativer ausfallen, da sie dem Profil in der Langzeitwirkung weniger schaden.

4.5 Kontakte für digitales Direktmarketing

Für digitales Direktmarketing sind Adressen und Kontakte nötig, die kontaktiert werden können und dürfen. Jedes Direktmarketing betreibende Unternehmen muss sich eigenverantwortlich um rechtliche Aspekte kümmern, die Sammlung, Nutzung und Speicherung von Kunden- und Adressdaten betreffen.

E-Mail-Adressen für E-Mailings und Newsletter

Jedem Kontakt muss es leichtgemacht werden, seine E-Mail-Adresse zu hinterlassen. Vielfältige Optionen zum Eintragen der Mailadresse auf allen Touchpoints ist Grundvoraussetzung dafür, viele Adressen sammeln zu können. Die eigene Webseite bietet viele Optionen: Pop-ups beim Start des Besuchs und beim

Verlassen der Seite, seitliche Fenster/Slider, die sich in den sichtbaren Bereich der Webseite schieben, immer eingeblendete Eingabefelder am Rand der Seite, die zum Eintragen motivieren – die Vielfalt ist groß.

Kontakte müssen einen Anreiz verspüren, ihre Adresse einzutragen. Online-Shops werben mit Rabatten, andere Unternehmen bieten alternative Vorteile in eigenen Tätigkeitsbereichen. Auch ein sogenanntes Freebie kann helfen, den eigenen Adressstamm auszubauen.

Freebie Ein Freebie ist ein kostenloses Produkt bzw. eine kostenlose Dienstleistung, die Kunden gegen eine definierte Gegenleistung angeboten wird. Beispiel: Für eine Newsletter-Registrierung kann man kostenfrei eine exklusive Studie herunterladen.

Wettbewerbe, Mitmach-Aufforderungen oder Gewinnspiele sind ebenfalls Wege, E-Mail-Adressen zu sammeln. Die Qualität der Adressen ist von der Ausgestaltung der Aktionen abhängig. Sind Wettbewerbe klar auf eine Zielgruppe fokussiert, werden relevante Interessenten von dem Wettbewerb Notiz nehmen und sich eintragen. Tendenziell reduziert die Fokussierung die Anzahl der gesammelten Adressen, wertet die Qualität aber auf. Können viele Personen mit dem Thema des Wettbewerbs etwas anfangen, sind die Beteiligungsraten höher, jedoch sinkt die Adressqualität.

Neben diesen Ansätzen können kostenpflichtige Werbungen zur Adressengewinnung genutzt werden. Werbeanzeigen können auf die Newsletter-Registrierung fokussiert werden. Das ist bei Suchmaschinen-Marketing, Display und Social-Media-Kommunikation umsetzbar.

Kontakte für Direktnachricht, Social Selling und Social Authority

Die Besonderheit bei Direktnachrichten und Social Selling ist Kommunikation in einem in sich abgeschlossenen Netzwerk. Die Gewinnung neuer Kontakte findet innerhalb der Netzwerke statt. Ausführlich dazu siehe Abschn. 2.3 und 2.4.

Der Startpunkt sind gute eigene Inhalte. Sind Inhalte gut und laden zum Lesen und Weiterleiten ein, können viele Personen den Content zu Gesicht bekommen. Ohne gute Inhalte sind die Möglichkeiten, Kontakte zu pflegen und neue Kontakte zu gewinnen, geringer.

Im digitalen Direktmarketing über Direktnachricht, Social Selling und Social Authority ist die eigene proaktive Suche nach den richtigen Ansprechpartnern (und damit neuen Kontakten) die originärste Form der Gewinnung neuer Kontakte. Es soll ein 1:1-Kontakt aufgebaut werden, dafür müssen die richtigen Gesprächspartner recherchiert werden und dann über eine Kontaktanfrage (siehe dazu Abschn. 2.3) angesprochen werden. Die zeitaufwändige Einzelrecherche führt zu den gewünschten Kontakten, die sich über soziale Nachrichten mit passendem Direktmarketing ansprechen lassen.

Die aktive Beteiligung in sozialen Netzwerken ist eine weitere Möglichkeit, die eigene Bekanntheit zu erhöhen und das Kontaktnetzwerk auszubauen. Interaktionen und Kommentare zu Inhalten anderer Nutzer bringen das eigene Profil ins Gespräch und interessierte Netzwerkteilnehmer werden ihrerseits proaktiv den Kontakt suchen.

Die aktive Teilnahme in Gruppen und Foren ist ein guter Weg, Bekanntheit aufzubauen und für die Gewinnung neuer Kontakte zu nutzen. Gibt es keine ideale Gruppe für eigene Themen, kann die Gründung einer neuen Gruppe eine Strategie sein. Interessierte Netzwerkmitglieder können an (Fach-)Diskussionen teilnehmen und auch ihrerseits den Kreis der Diskutanten erhöhen. Dies trägt zur Steigerung der Relevanz und damit Reichweite bei.

4.6 Kennzahlen für digitales Direktmarketing

Digitales Direktmarketings wird von einem Gerüst an Kennzahlen begleitet. Die Aktivitäten werden geplant und ihr Erfolg bewertet. Die Kennzahlensteuerung ist im digitalen Direktmarketing gut umzusetzen, da i. d. R. der 1:1-Kontakt auch eine ein-eindeutige Bewertung ermöglicht.

Kennzahlen für E-Mailing und Newsletter

E-Mailing und Newsletter können zusammen betrachtet werden. Die zentrale Kennzahl ist die sogenannte Conversion Rate – sprich die Rate erfolgreicher Zielerreichungen. Ist die Zielsetzung die Reaktion auf eine Nachricht mittels Klick auf der Landingpage, kann diese Zahl leicht durch Vergleich der Anzahl ausgesendeter E-Mails in Relation zu Klicks auf der Landingpage ermittelt werden. Diese einfache Analyse passt für alle individuell aufgesetzten Aktionen via Mail und ist leicht zu ermitteln.

Dies gilt im Speziellen für die beschriebene Form des E-Mailings (siehe Abschn. 2.1). Die einzelne Nachricht wird verfolgt und so entsteht ein klares Bild von Erfolg oder Misserfolg. Da Nachrichten einzeln verfasst und an vorher individuell ermittelte Empfänger verschickt werden, kann auch die Reaktion der Angeschriebenen einzeln nachverfolgt werden. Welchen Erfolg die Direktmarketing-Nachricht haben soll, wird individuell je Aktion und Versendung festgelegt. Die Anzahl an Empfängern für ein individuelles E-Mailing ist begrenzt, was ja auch die Abgrenzung zum Newsletter darstellt.

Der Newsletter hingegen geht an eine Vielzahl von Adressen. Der Text soll dabei so individuell verfasst oder gestaltet sein, dass er ausgewählte Zielgruppen passend erreicht. Schlussendlich ist natürlich die Conversion die wichtigste Kennzahl – wie viele Newsletter-Empfänger haben auf die von dem Werbungstrebenden Unternehmen intendierte Zielsetzung passend reagiert.

Da ein Newsletter bei einem Versand an eine Vielzahl an Adressen geht, sind viele weitere Kennzahlen, die bspw. die erfolgreiche Übermittlung oder Öffnungsraten der Newsletter bewerten, von Bedeutung. Eine Auswahl der wichtigsten Newsletter-Kennzahlen zeigt die Tab. 4.2 (vgl. u. a. Schwarz 2014, S. 425 f.; Lammenett 2017, S. 108 f.; inxmail 2019).

Tab. 4.2 Kennzahlen Newsletter

Kennzahl	Erläuterung
Zustellrate	Wie viele Mails konnten zugestellt werden? Nicht alle versendeten Mails kommen auch an, beispielsweise veralten Adressen oder Postfächer oder sie sind überfüllt
Öffnungsrate	Wie viele der zugestellten Mails wurden vom Empfänger in einer festgelegten Zeitperiode geöffnet? Diese Kennzahl lässt sich mit Setzung eines sogenannten Tracking-Pixels ermitteln
Lesedauer	Wie lange wurde die geöffnete Mail angeschaut? Sogenannte Zählpixel ermöglichen die Ermittlung dieses Wertes, diese relativ neue Kennzahl erfordert eine umfangreiche technische Lösung für Newsletter-Marketing
Klickrate	Wie viele der geöffneten Mails haben mindestens einen Klick auf die hinterlegten Links ausgelöst? Jeder Newsletter wird einzeln betrachtet, der Klick auf einen der Links wird als einzelne Reaktion betrachtet
Reaktionsrate	Wie viele Gesamtreaktionen hat der Newsletter bei den erreichten Kontakten ausgelöst? Hier werden jetzt alle Klicks betrachtet, mehrere Klicks eines einzelnen Users auf unterschiedliche Links werden als mehrere Reaktionen betrachtet
Weiterleitungsrate	Wie viele Weiterleitungen sind über die Social-Media-Integrationen in dem Newsletter getriggert worden? Jegliche Social-Media-Kanäle sind i. d. R. im Newsletter integriert, sodass der Empfänger sehr einfach die Nachricht teilen kann
Abmeldequote	Wie viele Empfänger melden sich nach Erhalt des Newsletters ab?
Conversion	Welche Umsätze oder sonstige Ziele sind erreicht worden?

Kennzahlen für Direktnachricht, Social Selling und Social Authority

Digitales Direktmarketing über soziale Netzwerke verwendet eigene Kennzahlen. Da sich die Kommunikation in den abgeschlossenen Netzwerken befindet, wird auf die vom Netzwerk bereitgestellten Kennzahlen zurückgegriffen.

Für die Direktmarketing-Disziplinen Direktnachricht, Social Selling und Social Authority gelten vergleichbare Kennzahlen wie für das E-Mailing. Angeschriebene Kontakte können ein-eindeutig nachverfolgt werden, so kann ein lückenloses Reporting sichergestellt werden. Welche vertrieblichen Ziele für die Nachricht angesetzt werden, ist unternehmensindividuell. Daher orientiert sich die Erfolgsbemessung für die Nachricht an den Zielen, bspw. der Anzahl der neu hinzugewonnenen Kontakte über Kontaktanfragen oder der Anzahl der vereinbarten Telefongespräche auf Basis von Direktnachrichten an Zielkontakte.

Für Social Authority stellen nahezu alle vertrieblich genutzten Netzwerke einen Grundstock an Kennzahlen bereit. Tab. 4.3 listet die wichtigen Kennzahlen für Social Authority auf (vgl. u. a. Lammenett 2017, S. 428 ff.; Krömer 2019; hootsuite 2018):

Tab. 4.3 Kennzahlen Social Authority

Kennzahl	Erläuterung
Beifall-Rate (Likes etc.)	Wie viele positive Reaktionen hat der Post oder die Nachricht erzielt?
Interaktionen (Klicks etc.)	Wie oft wurden weiterführende Informationen mittels Klick auf einen Link aufgerufen?
Kommentar	Wie viele Kommentare hat der Post erzielt?
Stimmung	Welche Stimmung lässt sich aus den Kommentaren herauslesen?
Shares	Wie oft wurde der Post im Netzwerke weitergeleitet? Weiterleitungen außerhalb der Netzwerke werden nicht erfasst. Dafür hat sich der Begriff „Dark Social“ etabliert – Shares, die nicht getrackt werden können
Reichweite	Wie viele Empfänger hatte das Posting?
Publikumswachstum	Wie viele neue Kontakte konnten durch das Posting gewonnen werden, bspw. durch Weiterleitungen oder algorithmische Feed-Integrationen bei Nicht-Kontakten?
Conversion	Wie viele Ziele wurden erreicht (Abverkäufe, Newsletter-Registrierungen etc.)?

4.7 Technik für digitales Direktmarketing

Digitales Direktmarketing benötigt eine technische Grundausstattung an Tools und Werkzeugen. Die folgende Übersicht stellt ausgewählte Tool-Kategorien vor. Auf dem Markt werden unzählige Produkte angeboten, sodass jedes Direktmarketing betreibende Unternehmen aus den Kategorien eine eigene Auswahl treffen muss.

Tools für E-Mailings und Newsletter

- **Mail-Provider:** Jedes E-Mailing oder jeder Newsletter benötigt eine Absenderadresse. Der Provider bietet die Adressen kostenfrei (beispielsweise googlemail oder web.de) oder kostenpflichtig an (jeder klassische Maildienst einer eigenen Domain). Versendet werden die Mails aus einem E-Mail-Programm, welches sowohl cloudbasiert laufen (sogenannte Web-Mailer) wie auch lokal installiert sein kann (bspw. lokale Microsoft-Outlook-Installation). Die E-Mail-Programme können mit Zusatzfunktionen für Lesetracking etc. aufgerüstet werden, um aus vertrieblicher Sicht heraus den Erfolg der Aktion besser nachzuverfolgen.
- **E-Mail-Marketing-Tool:** Die Versendung an große Adress-Sammlungen erfordert technische Unterstützung von einem E-Mail-Marketing-Tool. Das Tool unterstützt unter anderem in folgenden Bereichen: Personalisierung (Basis festzulegender Kriterien der Empfänger), vordefinierte Templates und Vorlagen zur Mail-Gestaltung, automatisierter Versand und Response-Tracking mit Datenbank-Update (bspw. Verarbeitung nicht zustellbarer Mails oder Abmeldungen), Autoresponder und E-Mail-Sequencing, Datenschutz und Double Opt-in-Verwaltung, Testversand von E-Mails und Reportings. Beispiele: Mailchimp, Newsletter2Go.
- **CRM-Tool:** Digitales Direktmarketing ist in die Kundenkommunikation integriert und muss in normalen Unternehmensprozessen abgebildet werden. Das zentrale datenhaltende System eines Unternehmens wird als Customer-Relationship-Management-System (CRM) bezeichnet. Somit benötigen Unternehmen anbindungsfähige CRM-Systeme, die E-Mail-Kommunikation (sowohl E-Mailings wie auch Newsletter) aufzeichnen und vermerken können. Leistungsfähige CRM-Systeme sind bspw. in der Lage, eingehende Mails automatisiert Kontakten zuzuweisen und dadurch eine lückenlose Dokumentation der Kommunikation zu ermöglichen. Ausgewählte Systeme können auch soziale Interaktionen integrieren. Beispiele: Pipedrive, Insightly.

Tools für Direktnachricht, Social Selling und Social Authority

Die Kommunikation auf sozialen Netzwerken wird innerhalb der geschlossenen Netzwerke abgewickelt. Über das eigene Profil können Einzelnachrichten oder Postings verfasst und versendet werden. Sollen Nachrichten und Postings durch kostenpflichtige Werbung gefördert werden, bieten Netzwerke Werbeplattformen an, über die Aktionen administriert werden. Trotzdem hat sich eine Vielzahl an Tools etabliert, um die Nutzung von sozialen Netzwerken für die professionelle Kommunikation zu vereinfachen (siehe dazu u. a. Kroker 2019).

- **Monitoring Tools:** Die Zusammenführung der Statistiken der verschiedenen sozialen Netzwerke übernehmen sogenannte Monitoring-Tools. Die Profile werden hinterlegt und die Tools greifen automatisiert Kennzahlen ab und verdichten diese. Beispiele: Hootsuite, Hubspot.
- **Scheduling-Tools:** Mit diesen Tools können die nächsten Nachrichten und Postings terminlich geplant werden. Vorformulierte Nachrichten werden auf Termin gesetzt und an ausgewählte Netzwerke zum definierten Zeitpunkt automatisch ausgesteuert. Beispiele: Later, Buffer.
- **Research-Tools:** Sie Strategie des Aufbaus einer Social Authority benötigt viele Inhalte, auf die User reagieren können. Research-Tools unterstützen bei der Identifizierung von relevanten Themenfeldern. Beispiele: Buzzsumo, Answerthepublic.
- **Gestaltungs-Tools:** Die visuelle Sprache der Social-Media-Kommunikation erfordert den kompetenten Umgang mit grafischen Inhalten. Web-basierte Angebote helfen, schnell und einfach Grafiken und Postings zu erstellen. Beispiele: Canva, Adobe Spark.

Was Sie aus diesem *essential* mitnehmen können

- Direktmarketing mit digitalen Medien ist eine etablierte Marketingdisziplin, die einen 1:1-Kundenkontakt ermöglicht.
- Sie können verschiedene Medien nutzen: vom E Mailing über den Newsletter bis zu Direktnachrichten auf sozialen Medien stehen Ihnen unterschiedlichste Instrumente zur Verfügung.
- Social Selling ist eine neue Form des Direktmarketings – weniger unmittelbar, dabei jedoch auch sehr überzeugend und durch einen 1:1-Kontakt über Social Feeds langfristig erfolgreich.
- Digitale Texte funktionieren anders als auf Papier: schneller, direkter, ohne Umschweife auf den Punkt kommend.
- Beim Direktmarketing mit digitalen Medien lassen sich einfach und schnell viele Anlässe schaffen und nutzen. Sie können digital ankündigen, dann darüber berichten, einen Nachbericht verfassen und später als Throw Back noch einmal daran erinnern – hier wird ein Anlass gleich zu vier Kontakteanlässen.
- Die Regeln des Direktmarketings gelten auch im digitalen Umfeld: die richtigen Kunden erreichen und mit klaren Aufforderungen zum Handeln versehen – im digitalen Direktmarketing Call-to-Action genannt.
- Die digitale Absenderadresse oder das Profil auf den sozialen Netzwerken muss Adressaten überzeugen – digitales Direktmarketing hat weniger Medien und Materialien zur Verfügung im Vergleich zu klassischem Print-Direktmarketing.

T. Spandl, *Direktmarketing mit digitalen Medien,* essentials,
https://doi.org/10.1007/978-3-658-29544-8

Literatur

Boniversum (2018) Anteil der Befragten, die folgende Dienste und Services im Internet (egal, ob über den PC, Laptop, Tablet oder Smartphone) täglich privat nutzen, in Deutschland im Jahr 2017. Statista. Statista GmbH. https://de.statista.com/statistik/daten/studie/819295/umfrage/taegliche-nutzung-von-diensten-und-services-im-internet-in-deutschland/. Zugegriffen: 26. Nov. 2019

Bruhn M (2015) Kommunikationspolitik – Systematischer Einsatz der Kommunikation für Unternehmen, 8. Aufl. Vahlen, München

Eberle H (2014) Internationales Direktmarketing. In: Holland H (Hrsg) Digitales Dialogmarketing – Grundlagen, Strategien, Instrumente. Springer Gabler, Wiesbaden, S 97–152

Hofbauer G, Hellwig C (2016) Professionelles Vertriebsmanagement – Der prozessorientierte Ansatz aus Anbieter- und Beschaffersicht, 4. Aufl. Publicis Publishing, Erlangen

Holland H (2014) Dialogmarketing über alle Medien. In: Holland H (Hrsg) Digitales Dialogmarketing – Grundlagen, Strategien, Instrumente. Springer Gabler, Wiesbaden, S 351–377

hootsuite (2018) 19 wirklich aussagekräftige Social Media-Kennzahlen (und wie Sie sie messen). https://blog.hootsuite.com/de/aussagekraeftige-social-media-kennzahlen/. Zugegriffen: 20. Nov. 2019

Höpcke K, Freyer J (2013) Die Beeinflussung von Kaufentscheidungen – Effekte unterbewusster Manipulation der affektiven Einstellungskomponente. Journal of Business and Media Psychology 4:23–34

Inxmail (2019) E-Mail Marketing Benchmark. https://newsletter.inxmail.de/e-mail-marketing-benchmark.jsp. Zugegriffen: 2. Dez. 2019

Kroker M (2019) Buffer, Hootsuite, IFTTT & Co.: 12 Tools für das Social-Media-Management. https://blog.wiwo.de/look-at-it/2019/07/16/buffer-hootsuite-ifttt-co-12-tools-fuer-das-social-media-management/. Zugegriffen: 21. Nov. 2019

Krömer J (o. J.) Social Media KPI Dashboard – Erfolgsmessung mit Social Media Analytics. https://www.digitalwelt.org/themen/social-media/social-media-kpi-dashboard. Zugegriffen: 1. Dez. 2019

Lammenett E (2017) Praxiswissen Online-Marketing, 6. Aufl. Springer Gabler, Wiesbaden

T. Spandl, *Direktmarketing mit digitalen Medien,* essentials,
https://doi.org/10.1007/978-3-658-29544-8

Maione I (2018) Evergreen Content – So funktioniert die Cash Cow unter den Contentarten. https://onlinemarketing.de/news/evergreen-content-erstellung-beispiele-nutzen. Zugegriffen: 27. Nov. 2019

Onpulson (o. J.) Social selling. https://www.onpulson.de/lexikon/social-selling/. Zugegriffen: 29. Nov. 2019

Schwarz T (2014) E Mail-Marketing. In: Holland H (Hrsg) Digitales Dialogmarketing – Grundlagen, Strategien, Instrumente. Springer Gabler, Wiesbaden, S 411–423

socialmediaone (o. J.) Direktnachricht (DM) – Persönliche Nachrichten auf sozialen Netzwerken. https://socialmediaone.de/direktnachricht-dm-persoenliche-nachrichten-sozialen-netzwerken/. Zugegriffen: 2. Jan. 2020

Spandl T, Plötz W (2018) Direktmarketing mit Printmedien. Springer Gabler, Wiesbaden

Turner J. (2018). The 5-message sequence: a linkedin marketing strategy that generated $101k+ in 9 months. https://www.digitalmarketer.com/blog/linkedin-marketing-strategy/. Zugegriffen: 30. Nov. 2019

Printed in the United States
By Bookmasters